Kerstin Kuppig

Ideenkiste Religion

Für Schule und Gemeinde

Kerstin Kuppig
Ideenkiste Religion

Herder
Freiburg · Basel · Wien

Alle Rechte vorbehalten – Printed in Germany
© Verlag Herder Freiburg im Breisgau 1998
Umschlaggestaltung: Finken & Bumiller
Herstellung: Freiburger Graphische Betriebe
Gedruckt auf umweltfreundlichem,
chlorfrei gebleichtem Papier
ISBN 3-451-26653-9

Inhaltsverzeichnis

Einleitung

Fast jeder von uns hat irgendwo zu Hause ein kleines Kästchen, in dem er Dinge sammelt, an denen besondere Erinnerungen hängen oder Dinge, die er aufhebt, weil er denkt, sie bestimmt noch einmal brauchen zu können. Manchmal bergen solche Schachteln richtige kleine Schätze. Ein solches Schatzkästchen für die praktische Arbeit in Familien, Gruppen, Schulen und Gemeinden möchte die Ideenkiste sein.

In der Ideenkiste sind Hilfen, Ideen und Anregungen für all diejenigen gesammelt,

> die in ihrer täglichen Arbeit und Praxis nach Abwechslung suchen,
> für diejenigen, die erste Erfahrungen in der Gruppenarbeit machen,
> für diejenigen, die Spaß an der Arbeit vermitteln wollen,
> nicht zuletzt für all diejenigen, die Mut zum Ausprobieren haben.

Alle Anregungen verstehen sich als Bausteine, die variiert, verändert, ergänzt und in der jeweils eigenen Praxis wiederholt auf ihre Praktikabilität hin geprüft werden sollen. Auf eine Altersangabe bzw. -begrenzung wurde bewußt verzichtet.

In erster Linie geht es um eine Zusammenstellung eines methodisch vielfältigen Repertoires sowie um die Erinnerung an Bekanntes oder um das Aufgreifen von vielleicht Vergessenem. Eine theoretische Abhandlung über didaktische und methodische Fragen ist daher ebenso wenig zu erwarten wie fertige Unterrichtsplanungen, Konzepte und ausgearbeitete Gruppenstunden.

Hintergrund der Ideenkiste ist eine Strukturierung von Lernen und Arbeiten in die drei Elemente: **Einsteigen, Erarbeiten, Erinnern.**

1. Jede Beschäftigung mit einem Thema in Gruppen oder im Unterricht verlangt die Nennung des Themas und der Zielvorgabe **(Einsteigen)**.
2. Neue Inhalte werden selbständig oder in Partner- bzw. Gruppenarbeit erarbeitet **(Erarbeiten)**.

3. Schließlich bedarf es zur Festigung der Wiederholung, Übung und Erinnerung (**Erinnern**).

Immer nur mit dem Satz »Heute sprechen wir über...« in ein Thema einzuführen, wird mit der Zeit ebenso langweilig wie das ausschließliche Erarbeiten eines neuen Themas mit Hilfe von Textquellen oder das stupide Abfragen am Ende einer Sequenz.

Wir haben zwar noch den vielzitierten Satz im Ohr: »Erst die Arbeit und dann das Vergnügen«, doch die Zeit, in der Arbeit und Vergnügen/Spiel als zwei einander ausschließende Größen betrachtet wurden, ist Gott sei Dank vorüber. Längst hat man erkannt, daß Arbeit auch Freude machen kann und daß man spielend arbeiten oder arbeitend spielen kann. Schlagworte wie »spielerisches Lernen« oder »Lernen im Spiel« tragen dieser Erkenntnis Rechnung. Kurz: Lernen soll Spaß machen.

Deshalb geht es auch um direkte ganzheitliche Erfahrungen und die Elementarisierung von Inhalten. Emotionales Erleben soll einbezogen und die soziale Begegnung gestaltet werden.

Auch der Zusammenhang von Spiel und Glaube wird wohl kaum noch in Frage gestellt, betrachtet man das Spiel als einen möglichen Glaubensausdruck, als Chance zu unverzwecktem Leben, wo verschiedene Wirklichkeitsebenen zur Geltung kommen. Das Spiel ist Ausdruck der Freude am Leben, kann dem Lernen oder der Verkündigung dienen und erfahrbare Religion sein.

Die Vorschläge der Ideenkiste sollen die Kreativität und Phantasie fördern, motivieren, für Abwechslung sorgen, die Lernlust wecken, soziale Ziele fördern, die Langeweile bekämpfen und Freiraum lassen.

Sie gliedern sich in zwei Blöcke:

Im ersten Block werden Methoden angeboten, die **themenunabhängig** und damit auf beliebige Themen und Fächer übertragbar sind.
Im zweiten Block werden stärker **themenbezogene** Anregungen zu ebenfalls allen drei Bereichen vorgestellt.

A: Themenunabhängige Ideen
1A: Einsteigen
2A: Erarbeiten
3A: Erinnern

B: Themenbezogene Ideen
1B: Einsteigen
2B: Erarbeiten
3B: Erinnern

Um leicht erkennen zu können, zu welchem Block (A oder B) und Bereich (1 = Einsteigen, 2 = Erarbeiten, 3 = Erinnern) die einzelnen Ideen gehören und einsetzbar sind, wurden die Kurzüberschriften mit den entsprechenden Nummern und Buchstaben ergänzt (1A / 2A ...).

Greifen Sie also in die Ideenkiste, wählen Sie aus, probieren Sie aus, verändern und ergänzen Sie die Vorschläge zu Ihrem persönlichen Schatzkästchen.

A: Themenunabhängige Ideen

1A: Einsteigen

Metapher-Meditation 1A

Material: Zettel mit der Einleitung »Wenn ich xy höre, denke ich an...«, Stifte

Durchführung: Es geht darum, erste Assoziationen zum Thema zu artikulieren, bevor ein Thema erarbeitet wurde. Der Gruppenleiter hat Zettel vorbereitet, auf denen der Satzanfang steht. »Wenn ich xy höre, denke ich an....« Die Teilnehmer ergänzen beliebig viele dieser Satzanfänge. Alle Zettel werden in einem Korb gesammelt, so daß der einzelne Schreiber anonym bleiben kann. Nacheinander zieht dann jeder Teilnehmer wieder einen Zettel aus dem Korb und liest ihn der Gruppe vor. Erst nachdem alle Zettel vorgetragen wurden, äußert sich die Gruppe zum Gehörten und beginnt mit der Diskussion oder inhaltlichen Erarbeitung.

Assoziationsrad 1A

Material: Plakatpapier und Stifte oder Tafel und Kreide

Durchführung: In die Mitte eines großen Zeichenbogens oder in die Mitte der Tafel wird ein zentrales Thema oder ein Kernbegriff geschrieben und eingekreist. Damit ist die Zielvorgabe und Themenangabe gemacht. Aufgabe der Teilnehmer ist es nun, zu dem vorgegebenen Begriff weitere Begriffe zu assoziieren, die man mit Pfeilen mit dem Kernbegriff verbindet.

Variante 1: Assoziierte Begriffe, die in sich wieder miteinander verbunden werden können, weil sie einen thematischen Schwerpunkt bilden oder Akzente setzen können, werden ebenfalls eingekreist und mit

Pfeilen markiert. Auf diese Weise können mit dieser Methode vertraute Teilnehmer bereits eine Ordnung in die Stoffsammlung bringen.

Variante 2: Hat sich bei der Erstellung des Assoziationsrades ein Schwerpunkt innerhalb des Kerngebietes herauskristallisiert, bietet es sich an, zu diesem Schwerpunkt ein weiteres Assoziationsrad anzufertigen.

Variante 3: Mit Hilfe der gesammelten Begriffe erstellen die Teilnehmer einen kurzen Thementext.

Hinweis: Der zentrale Ausgangsbegriff kann durch ein Zitat, ein Sprichwort, einen Kurztext, eine These usw. ersetzt werden.

Ein solches Assoziationsrad eignet sich vor allem dann, wenn zwar das Thema bekannt ist, aber eine weitere inhaltliche Ausdifferenzierung noch nicht stattgefunden hat. Mit Hilfe der assoziierten Begriffe und Gedanken können so sehr schnell Themenschwerpunkte zur weiteren Bearbeitung mit der Gruppe gefunden werden.

Marktstand 1A

Material: Papier, Plakatkarton, Stifte, Klebstoff

Durchführung: Die Teilnehmer bekommen Gelegenheit, innerhalb einer festgelegten Zeit (maximal 15 Minuten) alles vorhandene Wissen, die Erfahrungen und Fragen zu einem Thema, das noch nicht in der Gruppe bearbeitet wurde, aufzuschreiben. Die Zettel werden gesammelt und auf ein Plakat geklebt.

Informationsspaziergang 1A

Material: vorbereitete Plakattexte (Anzahl je nach Gruppenstärke; pro 5 Teilnehmer ca. 1 Plakat)

Durchführung: Der Gruppenleiter hat zu dem zu behandelnden Thema Fragen, Behauptungen, Provokationen und Meinungen auf Plakate geschrieben. Diese hängen an verschiedenen Stellen im Raum aus. Die Teilnehmer sollen nun einen Spaziergang durch den Raum machen und die kurzen Plakattexte lesen. Danach entscheiden sie sich zunächst für ein Plakat, unter dem sie stehenbleiben. Andere Teilnehmer gesellen sich dazu. Man beginnt ein Gespräch zum Plakatinhalt. Nach einer Weile wechselt man vielleicht zu einem anderen Plakat und kommt dort zu einem schon begonnen Gespräch einer Gruppe dazu und beteiligt sich.

Nach einem vorher festgelegten zeitlichen Rahmen wird der Spaziergang beendet. Die Gruppe tauscht sich über die gemachten Erfahrungen aus. Wo ist noch weiterer Gesprächsbedarf? Wo gab es kontroverse Diskussionen? Sind Fragen aufgetreten, denen nachgegangen werden sollte? Wie ging es mir bei dieser Übung?

Hinweis: Dieser Einstieg in ein Thema eignet sich vor allem dann, wenn sich die einzelnen Gruppenmitglieder untereinander noch fremd sind. Dann kann die Übung auch als Kennenlernspiel gestaltet werden.

Zeitungsmeldung 1A

Material: eine Zeitungsmeldung zum Thema, entweder für die Teilnehmer kopiert oder als großes Plakat

Durchführung: Der Gruppenleiter bereitet eine Zeitungsmeldung vor, in der das neu zu behandelnde Thema Kernpunkt ist und in der eventuell schon wichtige Informationen verpackt sind. Die Teilnehmer erkennen das neue Thema, filtern die Informationen aus der Zeitungsmeldung heraus und ergänzen entsprechend ihres Vorwissens. Oder sie formulieren Fragen zum Thema, denen sie nachgehen möchten.

Hinweis: Am Ende einer thematischen Einheit kann eine Zeitungsmeldung von den Gruppenmitgliedern selbst als Zusammenfassung geschrieben werden.

Netzwerke bilden 1A

Material: mehrere verschiedenfarbige Wollknäuel

Durchführung: Die Gruppe sitzt im Kreis. In der Kreismitte liegen mehrere verschiedenfarbige Wollknäuel. Der Gruppenleiter benennt ein neu zu behandelndes Thema. Dann bekommen die Mitglieder einige Minuten Zeit, ihre spontanen Gedanken zu dem Thema zu ordnen. Ein Gruppenmitglied sollte sich danach einen Wollknäuel aus der Mitte nehmen und damit beginnen, eine These oder Meinung, die er zum Thema hat, zu formulieren. Anschließend haben die übrigen Teilnehmer Gelegenheit, zu überlegen, ob sie gleicher oder ähnlicher Meinung sind. Ist dies der Fall, sagen sie »Ich schließe mich deiner Meinung an« oder »Ich schließe mich deiner Meinung an, aber ich möchte noch ergänzen...« Der Teilnehmer, der das Wollknäuel in der Hand hält, hält dann das Fadenende fest und wirft den etwas abgerollten Knäuel dem Partner zu, der ähnlich denkt. Diese Aktion geht solange weiter, wie sich Teilnehmer mit einer Meinung einverstanden erklären können. Dann beginnt ein anderes Mitglied mit einer Äußerung und wirft einen andersfarbigen Wollknäuel dem Teilnehmer zu, der dieser Meinung zustimmt. Am Ende dieser Übung kann es durchaus sein, daß einige Teilnehmer verschiedenfarbige Fäden in der Hand halten, weil sie mehreren Meinungen zustimmen konnten. Auf diese Weise entsteht ein interessantes Stimmungs- und Meinungsbild der Gruppe.

Variante: Der Gruppenleiter oder ein Gruppenmitglied haben während dieser Übung jeweils die Ausgangsthesen und die dazugehörige Wollknäuelfarbe notiert. Als Weiterführung ist es sinnvoll, daß sich diejenigen, die durch die gleiche Fadenfarbe miteinander verbunden sind, nochmals in Kleingruppen zu ihrer These austauschen. Teilnehmer, die mehrere Fäden in den Händen halten, sollten sich nur einer

Gruppe zuordnen. Die Ergebnisse der Gruppenarbeit werden dann nochmals dem Plenum vorgestellt.

Es ist auch denkbar, daß alle Teilnehmer, die einer These zugestimmt haben, ihren Namen auf die Thesenkarte schreiben und diese an die Wollschnur binden. An der Länge der Wollfäden wird dann schon eine Gewichtung deutlich.

Selbsttests 1A

Material: Testbögen

Durchführung: Zu einem neu zu behandelnden Thema erstellt der Gruppenleiter sogenannte Selbsttests. Gemeint sind damit Fragebögen, die die Grundeinstellung der Teilnehmer gegenüber einem Thema / gegenüber Menschen(-gruppen) klären sollen. Die Testbögen sind so aufgebaut, daß der einzelne unter verschiedenen Einschätzungen, Handlungs- und Verhaltensmöglichkeiten diejenige ankreuzen kann, die ihm am nächsten kommt.

Zunächst werden die Testbögen von allen still gelesen. Anschließend steht ausreichend Zeit zur Beantwortung der Fragen zur Verfügung. In der Klein- oder Großgruppe folgt dann eine Auswertung der Bögen, in der die unterschiedlichen Einstellungen diskutiert und abgewägt werden sollen. Eventuell werden mehrheitliche Einstellungen in der Gruppe offenkundig gemacht und ausgewertet.

Die Mitte gestalten 1A

Material: richtet sich ganz nach dem Thema

Durchführung: In vielen Gruppen ist es üblich, vor dem Zusammentreffen die Mitte des Raumes bzw. des Sitzkreises zu gestalten. Diese Mitte lenkt die Aufmerksamkeit aller auf sich und schafft ein Zusammengehörigkeitsgefühl innerhalb der Gruppe. Die Mitte lädt ein zum

Verweilen und Meditieren. Sie kann Kernpunkt des Geschehens sein. Unterschiedliche Möglichkeiten zur Gestaltung der Mitte bieten sich an:

Variante 1: In der Mitte liegt ein einfarbiges Tuch auf dem Boden. Die Teilnehmer äußern dazu ihre Assoziationen und Empfindungen. Soll z. B. in der Gruppenstunde das Gleichnis vom verlorenen Schaf erzählt werden, bietet es sich an, ein grünes Tuch in die Mitte zu legen. Begriffe wie »Gras, Wiese, Weide« werden genannt. Später können kleine Wollschafe auf das Tuch in die Mitte gestellt werden.

Variante 2: Vielleicht haben die Teilnehmer mit Hilfe von Wachsplatten selbst eine Kerze verziert, die immer dann zur Gestaltung der Mitte dient, wenn die Gruppe sich trifft.

Variante 3: Die Gestaltung der Mitte steht in unmittelbarem thematischem Zusammenhang, z. B. eine Schale mit Wasser – Taufe, eine Schale mit Korn – Erntedank, eine Gliederkette – Gemeinschaft usw.

Variante 4: Die Mitte wird erst während der thematischen Auseinandersetzung mit einer Geschichte aus bereitgestellten Materialien gestaltet.

Variante 5: Die Mitte wird mit Naturmaterialien gestaltet, mit jahreszeitlichem Bezug.

Variante 6: Jeder Teilnehmer bringt etwas für die Gestaltung der Mitte mit. Er begründet den übrigen Teilnehmern gegenüber seine Wahl, gibt den Gegenstand einmal im Kreis herum und legt ihn dann in der Mitte ab. Zum Beispiel: »Ich habe diesen Stein mitgebracht, weil er mich an meinen letzten Sommerurlaub mit meiner Familie an der Nordsee erinnert. Besonders gut gefallen mir seine Farben. Der Stein liegt sehr gut in der Hand.«

Variante 7: Ein bunter Blumenstrauß lenkt die Aufmerksamkeit auf die Mitte und verströmt seinen Duft im Raum. Am Ende des Zusammentreffens erhält jeder eine Blume aus der Vase.

Befragung 1A

Material: vorbereiteter Fragenkatalog

Durchführung: Ein oder zwei Teilnehmer werden gebeten, sich für eine Befragung vor der Gruppe zur Verfügung zu stellen. Die Antworten sollen die persönliche Meinung der Befragten widerspiegeln. Im Anschluß an die Befragung haben die befragten Teilnehmer die Gelegenheit, dieselben Fragen an den Gruppenleiter zu stellen. Die übrigen Gruppenmitglieder verfolgen die Befragung und bringen ihre Wahrnehmungen in die spätere Diskussion mit ein.

Hinweis: Bei diesem Spiel geht es nicht um Wissen, sondern um persönliche Anschauungen zu einem Thema. Darauf sollten die Teilnehmer vorher hingewiesen werden. Da die Fragen ehrlich, allerdings auch öffentlich, beantwortet werden sollen, haben die Teilnehmer aber auch die Gelegenheit, die Antwort auf eine Frage zu »verweigern« oder die Befragung ganz zu beenden.

Die Gruppe ist vor Spielbeginn darauf hinzuweisen, daß sie sich nicht durch Kritik, Beifall, Rückfragen oder eigene Meinungsäußerungen in die Befragung einbringen darf. Jede Antwort ist also kommentarlos hinzunehmen.

Die Fragen des Gruppenleiters sollten bereits so ausgewählt sein, daß sie schon Problemaspekte oder Themenschwerpunkte des zukünftigen Themas anreißen und Diskussionsstoff enthalten.

Der Gruppenleiter erhält durch diese Einstiegsvariante die Gelegenheit, die weiteren Gruppenstunden eng an die inhaltlichen Schwerpunkte der Befragung anzulehnen. Ebenso sollten die Fragen im Hinblick auf die beabsichtigte Zielsetzung eingegrenzt werden.

Die Befragung stellt – vor allem für ältere Teilnehmer – eine Möglichkeit dar, Vorwissen zu klären, persönliche Einstellungen zu ermitteln, Vorurteile zur Sprache zu bringen, Mißverständnisse zu klären, sachliche Informationen zu transportieren und emotionale Barrieren abzubauen.

Variante 1: Die übrigen Teilnehmer erhalten die Gelegenheit, Fragen zu stellen.

Variante 2: Der Fragenkatalog wird vervielfältigt. Bevor das Thema in der Gruppe diskutiert wird, werden die Fragen auch anderen Personen vorgelegt, und die Ergebnisse werden in der nächsten Gruppensitzung zusammengetragen.

Punkteskala 1A

Material: mehrere Plakatkartons, Klebepunkte

Durchführung: Der Gruppenleiter hat zu einem bestimmten Thema Meinungen, Vorstellungen, Gedanken usw. auf je ein Plakat geschrieben. Die Teilnehmer gehen umher, lesen die Texte und verteilen ihre Klebepunkte auf die Plakate, die ihrer persönlichen Meinung entsprechen. Pro Plakat darf jeweils nur ein Klebepunkt vergeben werden. Auf diese Weise entsteht ein Meinungsbild der Gruppe, das den Ausgangspunkt für die weitere Diskussion bildet.

Variante: Jeder Teilnehmer formuliert selbst zum Thema eine These, Vorstellung, Meinung, einen Gedanken und schreibt dies auf ein Plakat.

Wortbilder 1A

Material: evtl. eine Kerze, Streichhölzer

Durchführung: Die Teilnehmer sitzen im Kreis. Eventuell steht in der Mitte eine brennende Kerze. Der Gruppenleiter nennt nacheinander mehrere Wortbilder zu einem Thema oder aus einer Geschichte. Die Teilnehmer sollen durch die Wortbilder in den Sprechpausen zu eigenen Vorstellungen angeregt werden. Die Eindrücke und Empfindungen werden gemeinsam besprochen. Eventuell findet ein Rückbezug zur Geschichte statt.

Kennenlernspaziergang 1A

Material: keines

Durchführung: Jeweils zwei Gruppenmitglieder, die einander noch nicht (so gut) kennen, finden sich zusammen. Der Gruppenleiter benennt ein Thema, über das sich die Paare während eines ca. 15-minütigen Spazierganges im Freien, bei schlechtem Wetter im Haus, unterhalten sollen. Anschließend kommen alle wieder in der Großgruppe zusammen und geben kurz ihre Erfahrungen mit dem Spaziergang bekannt. So können z. B. bei den beiden Partnern gemeinsame Meinungen zum Thema oder kontroverse Auffassungen festgestellt worden sein. Ein Partner war bereits gut über das Thema informiert und hat diese Informationen weitergegeben. Andere Zweiergruppen sind auf interessante Fragestellungen getroffen usw.

Hinweis: Diese Übung kann auch ohne Themenstellung erfolgen. Das ist vor allem dann sinnvoll, wenn sie als erstes Kennenlernspiel eingesetzt wird. Nach der Rückkehr vom Spaziergang kann dann jeweils einer seinen Partner vorstellen, indem er erzählt, was er von diesem während des Spaziergangs erfahren hat.

Fragebogen 1A

Material: Fragebogen

Durchführung: Bevor eine (biblische) Geschichte oder ein Thema behandelt werden soll, welche(s) vermutlich alle kennen, sollen die Teilnehmer einen Fragebogen beantworten. Mit Hilfe von Auswahlfragen ist anzukreuzen, was die Teilnehmer für eine zutreffende Formulierung halten. Mehrfachnennungen sind dabei erlaubt, ebenso eigene Ergänzungen. Der Fragebogen dient nicht der Wissensabfrage. Vielmehr soll er am Ende der Einheit nochmal vorgenommen werden. Dann sollen die Teilnehmer in einem weiteren Kästchen ankreuzen, ob sie ihre Meinung geändert haben, welche Äußerungen ihres Erachtens immer noch zutreffen, was sie ergänzen müssen.

Lebendiges Buchstabenrätsel 1A

Material: Papier, Stifte, Tesafilm

Durchführung: Der Gruppenleiter überlegt sich ein Wort, das entweder in Zusammenhang mit dem behandelten Thema steht oder das neue Thema selbst angibt. Entsprechend der Anzahl der Buchstaben des Wortes bittet er Freiwillige aus der Gruppe, mit ihm vor die Tür zu kommen. Dort wird jedem Teilnehmer ein Zettel mit einem Buchstaben des zu ratenden Wortes mit Tesafilm auf den Rücken geklebt. Die Buchstabenträger stellen sich in der richtigen Reihenfolge des Wortes auf und gehen wieder in den Gruppenraum zurück. Dort stellen sie sich so vor den anderen auf, daß diese die Buchstabenzettel nicht sehen können. Die Gruppe fragt nun, welche Buchstaben in dem zu erratenden Wort vorkommen. Ist ein richtiger Buchstabe genannt worden, dreht sich die Person, die diesen Buchstaben auf dem Rücken trägt, um.

Spurensuche 1A

Material: Papier, Stifte, großer Schaumstoffwürfel

Durchführung: Alle Teilnehmer malen den Umriß ihres rechten Fußes auf ein Stück Papier. Die Teilnehmer stellen sich hinter ihrem Fußabdruck im Kreis auf. Wer nun etwas zu dem gestellten Thema an Vorerfahrungen, Assoziationen, Wissen, Gedanken äußern möchte, hat seinen »Auftritt«: Er stellt sich auf seinen Fußabdruck und erzählt. Anschließend drehen alle Teilnehmer ihre Fußabdrücke in die Kreisrichtung. Ein Teilnehmer beginnt mit dem Schaumstoffwürfel zu würfeln und geht dann bei seinem Fußabdruck beginnend die entsprechende Augenzahl an Fußabdrücken weiter. Der Teilnehmer, der am Endpunkt steht, kann nun von dem würfelnden Teilnehmer zum Thema befragt werden. Dabei kann es um Meinungen, Stimmungen oder konkrete Fragen gehen. Anschließend darf der Befragte würfeln usw.

Hinweis: Diese Methode eignet sich vor allem zum Einstieg in ein Thema. Auf diese Weise können Vorerfahrungen, Vorurteile, Fragen artikuliert werden. Der weitere Verlauf der Bearbeitung des Themas kann sich hieraus ergeben, ohne an den Interessen der Teilnehmern vorbeizugehen.

Die Idee eignet sich aber auch, wenn es darum geht, seinen Standpunkt zu einem Thema kontrovers zu vertreten.

Auch zu einem Kennenlernspiel kann diese Methode variiert werden. Wer »seinen Auftritt« hat, erzählt in wenigen Sätzen etwas zu seiner Person. Wer Genaueres wissen möchte, hat in der anschließenden Würfelrunde die Gelegenheit zu weiteren Fragen.

Zettelspiel 1A

Material: Tafel, Kreide, Stifte, pro Teilnehmer drei Zettel, Tesafilm

Durchführung: Der Gruppenleiter schreibt ein Wort an die Tafel, das das neue Thema angibt. Dieses Wort hält er verdeckt, bis er seine Anweisungen für das Spiel erklärt hat. Wenn er das Wort aufgedeckt hat, schreibt jeder Teilnehmer drei Wörter, die ihm zu dem Tafelwort einfallen, auf die vorbereiteten Zettel.

Der Gruppenleiter sammelt die Zettel ein und klebt sie ohne Ordnung an die Tafel. Ein Teilnehmer liest die Zettel vor. Die Teilnehmer machen dann Vorschläge für eine Ordnung der Zettel und setzen das jeweilige Wort in Beziehung zum Tafelwort. Dabei sollte niemand zu seinen eigenen Assoziationen Stellung nehmen.

Eventuell kann das Spiel nun wiederholt werden, weil den Teilnehmern noch weitere Worte einfallen.

Beispiel für ein Tafelbild zum Thema »Gerechtigkeit«:

Schule	Recht haben und Recht bekommen ist zweierlei	Gott
Familie	Das ist ungerecht	Mensch
Arbeitsstelle	Im Zweifel für den Angeklagten	Jesus
Menschenrechte	Gleichstellung von Mann und Frau	
Gericht	Arbeiter im Weinberg	
	Chancengleichheit	

Hinweis: Alles, was den Teilnehmern zu dem entsprechenden Wort einfällt, ist richtig.

Pinnwandspiel 1A

Material: Wortkarten

Durchführung: Die Teilnehmer legen in Vierer- bis Fünfergruppen aus den vorliegenden Wortkärtchen einen Satz. Dabei darf nicht gesprochen werden. Jedes Gruppenmitglied, das gerade Wortkärtchen aneinanderlegt, darf höchstens drei oder vier Kärtchen in ihrer Position verändern. Es können auch einzelne Satzsegmente gelegt werden, die erst später zu einem zusammenhängenden Satz aneinandergereiht werden. Erst nachdem ein weiterer Teilnehmer tätig war, darf der vorherige nochmals bis zu drei Kärtchen in ihrer Lage verändern oder dazulegen. Während des Legens sollte nicht miteinander gesprochen werden. Erst nachdem das endgültige Zitat oder der Lehrsatz fertig hingelegt ist, schließt sich ein Gespräch über die Aussage des Satzes an.

Hinweis: Diese Idee eignet sich vor allem dann, wenn eine Kernaussage oder ein berühmtes Zitat oder das Leben und Werk einer Persönlichkeit näher betrachtet werden sollen.

Beispiele: »Das Kind soll nicht erst ein Mensch werden, es ist bereits ein Mensch und darum muß man es achten.« (Janusz Korczak)
»Wer ein Kind sieht, begegnet Gott auf frischer Tat.« (Martin Luther)
»Sie brachen in ihren Häusern das Brot und hatten alles gemeinsam.« (Apg 2,42)

Themenbeschreibung 1A

Material: pro Teilnehmer ein Blatt im DIN A4-Format und einen Stift

Durchführung: Alle Teilnehmer sitzen im Kreis. Der Gruppenleiter nennt das Thema dieser (und auch der folgenden) Gruppenstunde(n), oder die Gruppe gibt sich selbst ihr Thema. Anschließend schreibt jedes Gruppenmitglied das Thema oben auf sein Blatt, z. B. »Weihnachten«. Dann wird das Blatt an den Sitznachbarn (vorher bitte auf die Richtung einigen!) weitergegeben. Dieser ergänzt nun ein zweites Wort. Die Blätter werden im Kreis weitergereicht, bis jeder ein Wort ergänzt hat und der Zettel schließlich wieder bei seinem »Besitzer« ist. Nun werden die Texte, an denen jeder mit einem Wortbeitrag mitgewirkt hat, vorgelesen.

Beispiele:

Weihnachten
Geburt
Jesus
Frohe Botschaft
Hirten auf dem Felde
das Kind im Stall

Weihnachten
Nikolaus
Geschenke
Familie
Kirche
Essen
Frieden auf Erden

Auf diese Weise können aussagekräftige Texte entstehen, die Vorerfahrungen und Meinungen bündeln. Die Vielfalt der unterschiedlichen Textvarianten macht den Einstieg in das Thema interessant.

Bildfolge 1A

Material: ca. 5 Bilder in Postergröße zur Geschichte

Durchführung: Der Gruppenleiter besorgt sich zu einer (biblischen) Geschichte maximal fünf Bilder oder zeichnet sie selbst. Die Bilder werden jedoch nicht alle auf einmal den Teilnehmern dargeboten, sondern nacheinander. So soll die Aufmerksamkeit gezielt zunächst auf eine Sache gelenkt werden. Die Teilnehmer sollen eine möglichst genaue Beschreibung versuchen. Bevor der Gruppenleiter das zweite Bild an die Tafel hängt, äußern die Teilnehmer ihre Vermutungen über den Fortgang der Geschichte. In gleicher Weise wird auch mit den übrigen Bildern verfahren. Erst nach Besprechung der Bildfolge erzählt der Leiter die dazugehörige Geschichte.

Variante: Die Teilnehmer spielen die Geschichte nach. Eine Einteilung in Szenen erfolgt durch die einzelnen Bilder.

Wortarten 1A

Material: drei verschiedenfarbige Plakate, die folgende Aufschriften tragen: »Substantive«, »Verben«, »Adjektive«; Stifte

Durchführung: Der Gruppenleiter hat drei Plakate vorbereitet. Die Teilnehmer sollen nun alle Wörter aus den einzelnen Wortarten aufschreiben, die ihnen zum gestellten Thema einfallen. Anschließend werden alle Substantive, Verben und Adjektive vorgelesen. Welche Stimmung vermitteln die Wörter? Was sagen sie zum Thema?

Variante 1: Die Gruppe bildet Sätze, indem sie aus jeder Spalte je ein Wort verwendet.

Variante 2: Die Teilnehmer versuchen, aus einigen der gefundenen Wörter ein Themengedicht zu machen.

Variante 3: Sie erstellen zu einigen der Begriffe eine Collage aus Bildern.

Variante 4: Die Teilnehmer erstellen aus je einer Wortliste eine Wort-Collage. Wie sehen die Wörter z. B. in unterschiedlichen Schriftzügen aus. Der Gestaltung sind hier kaum Grenzen gesetzt.

Ins Thema malen 1A

Material: ausreichend Papier im DIN A4-Format, Stifte, Tesafilm

Durchführung: Der Gruppenleiter nennt das Thema. Aufgabe der Teilnehmer ist es nun, zu diesem Thema jeden Gedanken, jede Assoziation, alles, was nach Meinung der Teilnehmer in diesen Themenkreis gehört, aufzumalen. Pro Papierbogen soll nur ein Aspekt dargestellt sein. Hierbei kommt es nicht auf künstlerische Gestaltung an, Skizzen genügen, da die Vielfalt der Ideen entscheidend ist.

Die bemalten Blätter werden gesammelt und an der Wand des Gruppenraumes aufgehängt. Zunächst bekommen die Teilnehmer ausreichend Zeit, sich die Bilder anzuschauen. Dann wird das Gespräch eröffnet. Ein Teilnehmer greift sich ein Bild heraus, das ihm entweder besonders gut gefällt, zu dem er eine Frage hat oder bei dem ihm die Darstellung bzw. der Themenbezug unklar ist. Die anderen Teilnehmer können sich nun ebenfalls dazu äußern. Dem Künstler ist es freigestellt, zu seinem Bild etwas zu sagen. Er sollte auf keinen Fall als erster über sein Bild sprechen.

Anschließend versuchen die Teilnehmer, in den Bildern thematische Schwerpunkte zu finden, und ordnen die Bilder entsprechend in Gruppen um. Anhand der so entstandenen Aspekte kann der weitere Verlauf der Gruppenstunden geplant werden.

Hinweis: Der Gruppenleiter erfährt auf diese Weise eine Menge über das Vorwissen einer Gruppe zum Thema und über deren Interessen. Es empfiehlt sich, eine thematische Einheit erst nach dieser Übung zu planen, damit die Interessen der Gruppe berücksichtigt werden können.

2A: Erarbeiten

Metaphernschreibspiel 2A

Material: Papier, Stifte

Durchführung: Zu einem vorgegebenen Thema sollen die Teilnehmer eigene Gedanken assoziieren und Satzanfänge fortführen.

Beispiel: Freiheit

Manchmal wünschte ich mir,
ich wäre ein Vogel
und könnte über Meere und Länder fliegen.
Dann wäre ich so frei
wie eine Feder im Wind
wie
wie

Vertonen 2A

Material: Orff-Instrumente, Textkopien

Durchführung: Soll ein Text vertont werden, wird dieser zunächst an die Teilnehmer verteilt und unter Berücksichtigung der jeweiligen Zielsetzung besprochen. Anschließend machen die Teilnehmer Vorschläge und unternehmen Versuche einer tonmalerischen Gestaltung einzelner Textpassagen. Verschiedene Vorschläge werden erprobt, ausgewählt und zusammengesetzt.

Variante: Zusätzlich zur musikalischen Untermalung der Geschichte versuchen die Teilnehmer, verschiedene Situationen pantomimisch oder tänzerisch nachzuvollziehen. Auch eine Zweiteilung der Gruppe bietet sich hierbei an; während die eine Hälfte das musikalische Spiel übernimmt, widmet sich die übrige Gruppe der tänzerisch-szenischen Ausgestaltung und Umsetzung.

Hinweis: Durch die musikalische Ausgestaltung oder Untermalung eines Textes bzw. die Verklanglichung eines aktuellen Problems können inhaltliche Aspekte intensiviert und verdeutlicht werden.

Bei längeren Texten bietet es sich an, zunächst mit der Gruppe eine verkürzte Fassung zu erarbeiten.

Lesen 2A

Material: Textvorlagen

Durchführung: Texte kann man auf unterschiedliche Weise lesen. Texte mit dialogischem Charakter bieten sich geradezu dazu an, mit verteilten Rollen gelesen zu werden. Spannung bekommt das Lesen oder Vorlesen, wenn es an einem gewissen Punkt abgebrochen wird und Vermutungen über den Fortgang geäußert werden. Das Markieren von prägnanten Textstellen kann das Lesen und Erinnern stützen.

Variante 1: Ein Teilnehmer beginnt zu lesen. Wenn der Gruppenleiter in die Hände klatscht, ist der Sitznachbar an der Reihe.

Variante 2: Der Gruppenleiter liest einen Text vor und baut Fehler ein. Die Teilnehmer klopfen, wenn sie einen Fehler ausmachen und korrigieren ihn.

Variante 3: Der Gruppenleiter liest einen Text vor, läßt jedoch Kernbegriffe aus. Diese sind von den Teilnehmern zu ergänzen.

Variante 4: Der Gruppenleiter läßt beim Vorlesen entweder den Anfang, den Hauptteil oder den Schluß aus. Die Teilnehmer ergänzen entsprechend ihren Vermutungen oder ihrem Wissen mündlich oder schriftlich.

Texte konkretisieren 2A

Material: Papier, Stifte, Textvorlagen

Durchführung: In Einzel-, Partner- oder Kleingruppenarbeit sollen die Teilnehmer Texte durch produktiven Umgang mit ihnen konkretisieren.

Variante 1: Die Teilnehmer fügen in den Originaltext Überlegungen der handelnden Personen ein. Diese erläutern deren Tun und erleichtern damit das Verständnis der gesamten Geschichte.

Variante 2: Die Teilnehmer erfinden eine Vorgeschichte, die die Geschichte in eine Rahmenhandlung stellt und z.B. historische Gegebenheiten näher erläutert.

Variante 3: Beschreibungen, die in der Geschichte zu kurz kommen oder unvermittelt abgebrochen werden, werden fortgeführt.

Variante 4: Über den eigentlichen Schluß hinaus erhält die Geschichte noch einen zweiten Schluß, der den ersten näher interpretiert.

Farbgebung 2A

Material: bunte Farbkarten

Durchführung: Die Teilnehmer haben eine Geschichte gehört oder gelesen oder zu einem Thema gearbeitet. Auf dem Tisch liegen mehrere Farbkarten. Jeder wählt nun zur Geschichte, zum Thema oder zu einem Begriff eine ihm passend erscheinende Farbkarte aus und begründet seine Entscheidung.

Variante: Mit Hilfe der Farbkarten können auch ganze Geschichten in ihrem Verlauf dargestellt werden. Durch die farbliche Ausgestaltung werden schwierige Phasen z.B. vor Auswegen und Problemlösungen auch optisch abgehoben; Empfindungen können ausgedrückt werden.

Geschichten beenden 2A

Material: Papier, Buntstifte

Durchführung: Der Gruppenleiter erzählt eine Geschichte bis zu einer spannenden oder entscheidenden Stelle. Dort bricht er die Erzählung ab. Die Teilnehmer sollen sich den Fortgang der Geschichte ausdenken.

Variante 1: Die Teilnehmer malen ihre Vermutung und stellen ihre Bilder anschließend den übrigen Teilnehmern vor.

Variante 2: Die Bilder werden von allen Teilnehmern gemeinsam besprochen, Vermutungen geäußert, Interpretationen gegeben. Der Künstler selbst hält sich zunächst zurück.

Variante 3: Die Teilnehmer erzählen die Geschichte weiter.

Variante 4: Die Teilnehmer spielen allein oder in einer kleinen Gruppe den Ausgang der Geschichte.

Variante 5: Die Teilnehmer schreiben einen Schluß zur Geschichte und lesen ihn einander vor.

Schreibspiel 2A

Material: pro Teilnehmer so viele Zettel wie Spieler (den Gruppenleiter selbst eingeschlossen) am Spiel teilnehmen, Stifte, Tafel, Tesafilm

Durchführung: Der Gruppenleiter gibt ein Thema vor, z.B. Angst. Jeder Teilnehmer denkt sich eine Situation zum Thema aus oder beschreibt eine Situation, die ihn persönlich betrifft bzw. betroffen gemacht hat. Ein Teilnehmer liest dann seine Situationsbeschreibung vor. Die übrigen versuchen, sich in die Situation des anderen hineinzuversetzen und eine Lösung, eine Umgangsmöglichkeit mit dem Problem zu finden. Jeder schreibt seine Idee auf eine Karte.

Die Lösungen werden zusammen mit dem Situationszettel an die Tafel geklebt und vorgelesen. Das Spiel wird fortgesetzt, bis alle Teilnehmer an der Reihe waren.

In einem anschließenden Gespräch geht es darum, sich die Situationen und Umgangsmöglichkeiten an der Tafel noch einmal zu vergegenwärtigen und eine Auswertung folgen zu lassen: Welche Lösungen sind »echte« Lösungen? Was verraten die geschilderten Situationen?

Variante 1: Je nach Gruppensituation kann es ratsam sein, die Zettel mit den Situationsbeschreibungen einzusammeln, zu mischen und dann wieder auszuteilen, so daß nicht davon ausgegangen werden kann, daß die vorgelesene Situation die eigene darstellt.

Buchstabenkette 2A

Material: mehrere Bögen Tonpapier, Scheren, Büroklammern (mindestens zwei pro Buchstabe), Klebstoff, Holzstifte, Paketschnur

Durchführung: Die Buchstaben eines Wortes, eines Themas, werden im DIN A3-Format auf Tonpapier aufgemalt und ausgeschnitten. Mit Büroklammern werden die Buchstaben zu einer Buchstabenkette auf einer gespannten Schnur aufgehängt. Erste Assoziationen zum Begriff werden in einem Gespräch gesammelt. Anschließend wird dann je ein Einzelbuchstabe in eine Kleingruppe gegeben. Ausgehend vom Einzelbuchstaben versuchen die Gruppenmitglieder, etwas über die Bedeutung und den Inhalt des gesamten Wortes zu sagen.

Beispiel: »Frieden«
F: Der Buchstabe »F« im Wort Frieden steht für Freunde. Nur wenn wir Freunde werden, wo wir verfeindet sind, gehen wir dem Frieden entgegen.
R: Der Buchstabe »R« im Wort Frieden steht für Ruhe. Wenn die Waffen schweigen und Worte überzeugen, dann gehen wir dem Frieden einen Schritt entgegen.

I: Der Buchstabe »I« im Wort Frieden steht für Ideen. Wir brauchen viele Ideen, um weiter am Weltfrieden zu bauen.

E: Der Buchstabe »E« im Wort Frieden steht für Erkennen. Nur wenn wir erkennen, wo Streit unnötig ist, böse Worte überflüssig sind und Gewalt ein schlechtes Argument ist, können wir in Frieden leben.

D: Der Buchstabe »D« im Wort Frieden steht für das Du. Nur wenn sich jeder einzelne angesprochen fühlt und mit sich selbst in Frieden lebt, kann der Friede Wurzeln schlagen.

E: Der Buchstabe »E« im Wort Frieden steht für den Einzelnen. Friede fängt immer bei mir selbst an.

N: Der Buchstabe »N« im Wort Frieden steht für »Nein«. Wir müssen Nein zu Krieg, Gewalt, Haß, Streit, Ungerechtigkeit, Quälereien und Mord sagen, um Frieden gestalten zu können.

Die einzelnen Kleingruppen tragen nacheinander ihre Texte vor und hängen den entsprechenden Buchstaben auf die Leine. Das zu betrachtende Wort wird so durch eine intensive Auseinandersetzung gefüllt.

Variante: Die Aufgabe kann auch so gestellt sein, daß in den betreffenden Buchstaben Dinge gemalt werden sollen, die mit diesem Buchstaben beginnen und in Zusammenhang mit dem Gesamtwort stehen.

Hinweis: Die Verwendung von Buchstabenketten eignet sich vor allem dann, wenn Kernbegriffe aus einer Geschichte herausgelöst und näher betrachtet werden sollen. Sie eignen sich zur Zusammensetzung kleinerer Schriftzüge in Form eines Merksatzes oder um den Namen einer Person hervorzuheben. Methodisch besonders effektvoll und interessant ist es, wenn anhand der Einzelbuchstaben eines Wortes Erfahrungen mit dem Wort ohne überlieferten Kontext zum Ausdruck kommen. Das gesamte Wort sichtbar aufgehängt auf einer gespannten Schnur gibt den Anstoß zum Gespräch. In diesem Gespräch werden Vorerfahrungen, Assoziationen und Erlebnisse in einer Art Brainstorming gesammelt. Die Buchstabenkette ist eine Hilfe, Bedeutungshintergründe zu erhellen. Erfahrungen werden durch Assoziationen angesprochen, alternatives Denken und kritische Positionen können gefördert werden.

Diese Arbeitsform eignet sich auch zur Gestaltung von Gottesdiensten.

3A: Erinnern

Stuhlquiz 3A

Material: pro Teilnehmer ein Stuhl

Durchführung: Die Gruppe wird in zwei gleichstarke Gruppen geteilt. Jede Gruppe setzt sich in einer Stuhlreihe hintereinander. Jeweils die beiden Teilnehmer, die in der Stuhlreihe vorne sitzen, treten gegeneinander an. Der Quizmaster stellt beiden eine Frage. Wer sie zuerst beantwortet, steht auf und setzt sich auf den letzten Stuhl in der Reihe. In der Zwischenzeit sind auch die übrigen Mitglieder dieser Gruppe einen Stuhl nach vorne gerückt. Können aber beide Teilnehmer, die jeweils auf dem ersten Stuhl der Gruppen sitzen, eine Frage nicht beantworten, so stellt ihnen der Gruppenleiter eine weitere Frage. Gewonnen hat diejenige Gruppe, die zuerst wieder die Sitzordnung vom Anfang hergestellt hat.

Hinweis: Auch ein Gruppenmitglied kann als Quizmaster fungieren.

Lieder texten 3A

Material: Papier, Stifte

Durchführung: In Kleingruppen wird versucht, sich mit einer zuvor besprochenen Thematik vertiefend zu befassen, indem auf die Melodie eines bekannten Liedes ein neuer Text verfaßt wird.
    Als Melodie eignet sich gut das Lied von der Schwäbschen Eisenbahn.

Kofferpacken 3A

Material: keines

Durchführung: Das altbekannte Kinderspiel »Ich packe in meinen Koffer« wird hier als Übungsform eingesetzt, um thematische Stichworte und Begriffe zu erinnern, die im Zusammenhang mit einer Geschichte oder einem besprochenen Thema stehen. Der erste Teilnehmer nennt einen Begriff, der ihm zum Thema einfällt. Der nächste wiederholt den Begriff und ergänzt die Reihe um ein weiteres Wort. Zum Beispiel: »Ich bin Abraham und nehme meine Frau Sara mit. – Ich bin Abraham und nehme meine Frau Sara und viele Kamele mit....«

Variante: Zum genannten Wort muß jeder Teilnehmer eine Handbewegung machen, die mit den genannten Begriffen zu wiederholen ist.

Flaschen drehen 3A

Material: eine leere Flasche

Durchführung: Alle Teilnehmer sitzen in einem großen Stuhlkreis oder auf dem Boden. Ein Mitglied aus der Gruppe stellt eine Frage zum behandelten Thema und dreht dann die in der Mitte des Kreises liegende Flasche. Derjenige, auf den nach dem Ausdrehen der Flasche der Flaschenhals zeigt, muß die gestellte Frage beantworten. Kann er die Frage nicht beantworten, dreht der Flaschendreher erneut die Flasche. Ist die Frage auch vom zweiten Mitglied nicht zu beantworten, stellt er eine andere Frage und dreht die Flasche erneut. Wird die Frage beantwortet, darf derjenige, der die richtige Antwort gegeben hat, die Flasche drehen und seinerseits eine Frage stellen. Der Fragesteller nimmt den Sitzplatz desjenigen ein, der geantwortet hat.

Hinweis: Diese Übung eignet sich auch zum Einstieg in ein Thema, wenn es darum geht, die Vorerfahrungen und Meinungen der Gruppe und der einzelnen zu eruieren. Zum Beispiel: »Erzähle mit drei Sätzen, was dir zum Thema »Aids« einfällt.«

Telefonkette 3A

Material: keines

Durchführung: Die Teilnehmer sitzen im Kreis. Einzelne Buchstaben eines Wortes (z. B. J-E-S-U-S) werden nacheinander dem Nachbarn, der seine Augen geschlossen hat, auf die Handfläche geschrieben und so weitergegeben. Der letzte Teilnehmer nennt das Wort.

Antwortkreisel 3A

Material: Papier, Stifte

Durchführung: Die Teilnehmer sitzen an Tischen im Kreis. Jeder Teilnehmer schreibt zum besprochenen Themenkreis eine Frage auf einen Bogen Papier. Im Uhrzeigersinn wird dann der Fragebogen weitergegeben; jeder erhält eine ihm fremde Frage, die er beantworten soll. Danach werden die Papierbögen wieder weitergereicht. Kann der Nächste noch etwas zur gestellten Frage ergänzen, dann notiert er das. Findet er, daß die Frage ausreichend beantwortet ist oder er darüber hinaus auch nichts Wesentliches mehr sagen kann, notiert er eine weitere Frage. Ist das Blatt wieder bei seinem ursprünglichen Besitzer angelangt, ist die Runde beendet, sofern alle Fragen beantwortet sind. Anschließend liest jeder den Frage- und Antwortkatalog vor, der auf seinem Papier steht. Die übrigen korrigieren oder bestätigen die gefundenen Antworten.

Hinweis: Diese Übung eignet sich auch als Einstieg in ein neues Thema, da die Übung auch im Sinne einer Stoffsammlung angelegt werden kann.

Rede und Antwort stehen 3A

Material: keines

Durchführung: Am Ende einer thematischen Einheit teilt sich die Gruppe in zwei gleichgroße Parteien auf. Jeder überlegt sich aus dem behandelten Themenkreis eine Frage. Zunächst stellt ein Mitglied aus Partei A einem Mitglied aus Partei B eine Frage. Kann der Befragte richtig antworten, so erhält die Mannschaft einen Punkt, und er darf einem Mitglied aus Gruppe A eine Frage stellen. Ist der Befragte allerdings nicht in der Lage, die Frage zu beantworten, so geht der Punkt an die fragende Mannschaft, nachdem sie selbst die Frage beantwortet hat.

Kaleidoskop 3A

Material: Papier und Malutensilien

Durchführung: Am Ende eines thematischen Schwerpunktes teilt sich die Gruppe in mehrere Kleingruppen à ca. 5 Personen. Jede Gruppe hat nun den Auftrag, ein Bild zum zuvor besprochenen Thema zu malen. In einem klärenden Gespräch müssen sich die Kleingruppen zunächst darauf einigen, was sie malen wollen und wer welchen Part übernimmt. Gemeinsam wird dann das Bild in einem vorher zeitlich begrenzten Rahmen angefertigt.

Anschließend stellen die Kleingruppen den übrigen Gruppen ihr Gemeinschaftswerk vor. Dabei ist es besonders interessant, wie es zur Auswahl der Szene kam und welche Erfahrungen man mit der Kleingruppe beim Gestalten gemacht hat.

Hinweis: Ebenso kann ein Vergleich der Bilder aller Gruppen lohnend sein. Gibt es Motivhäufungen? Wurden unterschiedliche Facetten abgedeckt? Gibt es noch Gesprächsbedarf zum Thema oder offene Fragen, Probleme? Wie wurde das Thema ausgestaltet?

Spickbraten 3A

Material: Tafel und Kreide oder Papier und Stifte

Durchführung: Die Teilnehmer finden Wörter, die einen beliebigen Buchstaben des angeschriebenen Zentralbegriffes als Anfangsbuchstaben haben oder in denen ein Buchstabe des Wortes an anderer Stelle vorkommt. Die Wörter werden einge»spickt«. Am besten benutzt man hierzu zwei Farben. So bleibt das Ausgangswort sichtbar und hebt sich von den Füllwörtern ab. Es ist darauf zu achten, daß die Ergänzungswörter den zentralen Begriff näher erklären.

Beispiel:
```
        WEISE
     JOSEF
     KRIPPE
        HERBERGE
  STERN
     MARIA
     OCHS
        HIRTEN
     STALL
     ESEL
JESUSKIND
```

Steckbrief 3A

Material: Papier, Stifte

Durchführung: Steckbriefartig wird alles über eine besprochene Person Bekannte zusammengetragen.

Hinweis: Die Teilnehmer können auch versuchen, von einem anderen Gruppenmitglied einen Steckbrief zu erstellen. Die gemeinte Person ist dann von den übrigen zu erraten. Der Beschriebene äußert sich zum Steckbrief, korrigiert eventuell.

Gedankenblitz 3A

Material: keines

Durchführung: Der Gruppenleiter stellt eine (provokante) These oder Frage in den Raum. Reihum soll sich jeder Teilnehmer in einem Satz spontan äußern, sagen, was er dazu denkt, widersprechen, eigene Fragen formulieren, Meinungen begründen. Die Äußerungen sind von der übrigen Gruppe kommentarlos anzuhören. Wichtig ist, daß jeder sich äußert.

Der große Preis 3A

Material: Spielplan, Fragenkatalog, Stifte, Papier

Durchführung: Das Spiel basiert auf der Idee zum Fernseh-Quiz »Der große Preis«. Es geht dabei darum, auf spannende Weise Informationen zu erinnern.

Ein Spielplan wird vorbereitet und gut sichtbar aufgehängt. Er ist in fünf bis sechs Spalten unterteilt, die jeweils einen Oberbegriff tragen. Unter jedem Begriff stehen in Feldern die Zahlen 20, 40, 60, 80 und 100.

Die Gruppe wird in zwei Gruppen unterteilt, die gegeneinander spielen. Ein Teilnehmer der Gruppe A beginnt mit der Wahl einer bestimmten Punktzahl zu einem Oberbegriff. Der Spielleiter stellt die dazugehörige Frage. Wird diese richtig beantwortet, erhält Gruppe A einen Punkt. Das entsprechende Feld wird auf dem Spielplan von einem Spielhelfer durchgestrichen. Wird die Frage nicht oder falsch beantwortet, darf Gruppe B eine Punktzahl nennen.

Variante 1: Es wird vor Spielbeginn mit der Gruppe ein zeitlicher Rahmen festgelegt, innerhalb dessen die Fragen beantwortet werden müssen.

Variante 2: Bei der Erstellung eines Fragenkatalogs werden vorher Risikofragen und Glücksfragen festgelegt. Werden die Risikofragen nicht beantwortet, wird ein Punkt abgezogen, werden die Glücksfragen beantwortet, bekommt die Gruppe 100 Punkte.

Variante 3: Die Teilnehmer entwickeln selbst Fragen für weitere Spiele in der Gruppe.

Hinweis: Das Spielprinzip kann auf jedes beliebige Thema übertragen werden; auch verschiedene Themenbereiche können miteinander kombiniert werden.

Farbwürfelspiel 3A

Material: ein Farbenwürfel, Karten in den Farben des Würfels

Durchführung: Auf den farbigen Karten sollen die Teilnehmer Fragen formulieren. Es bietet sich an, den einzelnen Farben vorher Themenkreise zuzuordnen, z. B. blau: Christentum, gelb: Leben Jesu, rot: Altes Testament, grün: Judentum, schwarz: Kirche, weiß: Ethik. Die Fragen zu den einzelnen Themenbereichen werden dann auf die entsprechend farbigen Karten notiert. Reihum wird nun gewürfelt. Die Teilnehmer ziehen vom jeweiligen Farbstapel eine Fragekarte und antworten. Wer die richtige Antwort gewußt hat, darf die Fragekarte behalten; sie zählt einen Punkt.

Auflegespiel 3A

Material: Spielplan, Legekärtchen

Durchführung: Der Gruppenleiter unterteilt ein DIN- A-4 Blatt in ca. 12 Felder. Auf jedes Feld notiert er eine Frage. Auf ein weiteres in zwölf Felder unterteiltes Blatt schreibt er die Antworten. Frage- und Antwortblatt werden je einmal pro Teilnehmer kopiert; die Antwortblätter werden auseinandergeschnitten. Jeder Teilnehmer hat nun die Aufgabe, eine Frage zu lesen und das Kärtchen mit der richtigen Antwort auf die Frage zu legen.

Hinweis: Diese Übungsform eignet sich auch für die Gruppenarbeit. Sollen die Teilnehmer ihre Arbeitsergebnisse selbst überprüfen können, kann auf dem Antwortblatt ein Bild kopiert sein, das durch richtiges Auflegen der Kärtchen ein sinnvolles Ganzes ergibt.

Stricherätsel 3A

Material: Tafel und Kreide oder Papier und Stift

Durchführung: Der Gruppenleiter schreibt den Anfangsbuchstaben eines Begriffes aus dem besprochenen Themengebiet auf. Pro weiterem fehlendem Buchstaben macht er einen waagerechten Strich. Die übrigen Teilnehmer raten und ergänzen die Buchstaben.

Variante: Ähnlich wie beim »Galgenmännchen« wird vorher festgelegt, wie oft ein falscher Buchstabe genannt werden kann.

Hinweis: Meistens bereitet es den Teilnehmern viel Freude, selbst solche Rätsel für die übrigen Gruppenmitglieder aufzuschreiben. Wurde die Gruppe zuvor in Mannschaften unterteilt, kann das Spiel als Wettspiel mit Punkten organisiert werden.

ABC-Liste 3A

Material: Papier, Stifte

Durchführung: Jeder Teilnehmer bekommt ein Blatt Papier, auf dem untereinander die Buchstaben des Alphabets aufgeschrieben sind (Die Buchstaben C, Q, X, Y, Z können ausgespart sein). Aufgabe ist es nun, zum behandelten Thema Wörter zu finden, die jeweils mit einem Buchstaben aus der ABC-Liste beginnen. Für jeden Buchstaben soll ein Wort gefunden werden. Die Teilnehmer lesen einander ihre Wortlisten vor. Wer ein Wort nicht kennt oder es nicht in Zusammenhang mit dem gestellten Thema bringen kann, befragt den Schreiber.

Variante: Nur Substantive sind erlaubt.

Beispiel: Jesus   Auferstehung

                     Bethlehem

                     Erlöser

                     Friedensfürst

                     Genezareth

                     Herodes

                     Inri

                     Jerusalem

                     Kreuz

                     Liebe

                     Maria

                     Nazareth

                     Ostern

                     Pharisäer

                     Retter

                     Synagoge

                     Tora

                     Worte Jesu

                     Zion

Montagsmaler 3A

Material: Tafel oder Overhead-Projektor, Kreide, Begriffskarten

Durchführung: Der Gruppenleiter hält eine ausreichende Anzahl von Karten bereit, auf denen jeweils ein Begriff aus dem besprochenen Themenbereich steht, der sich zeichnerisch mit charakteristischen Merkmalen darstellen läßt.

Variante 1: Der Gruppenleiter teilt die Teilnehmer in zwei Gruppen ein. Malt ein Teilnehmer der Gruppe A den Begriff an der Tafel oder auf dem Overhead-Projektor, rät Gruppe A. Malt ein Mitglied der Gruppe B, rät Gruppe B. Ist der Begriff – im Rahmen einer vorher festgelegten Zeitspanne – erraten worden, bekommt die Gruppe einen Punkt.

Variante 2: Jeder Teilnehmer der Gruppe darf je einen Begriff malen (an der Tafel oder am OH-Projektor), und die gesamte Gruppe rät. Es werden keine Punkte vergeben.

Hinweis: Durch das Montagsmalerspiel, das als Wettspiel oder auch als Spiel ohne Verlierer durchgeführt werden kann, wird die gesamte Gruppe gefordert. Bei der Auswahl der Begriffe ist darauf zu achten, daß sie sich im Bild darstellen lassen und aus einem Themenbereich stammen. Die gemalten Begriffe eröffnen der Vorstellungskraft der Mitspieler breiten Raum. Bild und Begriff unterstützen einander im Rateprozeß.

Beispiel: Im Anschluß an die Behandlung des Themas »Evangelisch-Katholisch« bieten sich die folgenden Begriffskarten an:

Kirche, Altar, Hostie, Weihwasser, Talar, Bibel, Orgel, Abendmahlsbrot, Ewiges Licht, Maria, Papst, Taufe, Kanzel, Meßbecher, Beichtstuhl, Tabernakel, Opferstock, Beten, Kreuz

Fragenwerfen 3A

Material: Softball

Durchführung: Die Gruppe steht im Kreis. Ein Teilnehmer stellt eine Frage und wirft dann den Ball einem anderen Teilnehmer zu. Der angespielte Teilnehmer versucht den Ball zu fangen und beantwortet die Frage. Hat er die Frage richtig beantwortet, stellt er eine neue Frage und wirft den Ball einem weiteren Teilnehmer zu. Kann er die Frage nicht beantworten, wirft er den Ball direkt weiter.

Silbenrätsel 3A

Material: Tafel, Kreide

Durchführung: Der Gruppenleiter überlegt sich zu einem zuvor besprochenen Themengebiet Fragen, die mit jeweils einem Begriff zu beantworten sind. Er schreibt die Antworten in Silben zerlegt durcheinander an die Tafel. Nachdem die Frage gestellt wurde, sollen die Teilnehmer die entsprechende Antwort finden und die dazugehörigen Silben an der Tafel ausstreichen. Wenn die Großgruppe dazu vorher in zwei Mannschaften eingeteilt wurde, bekommt die Übung Wettbewerbscharakter.

Variante: Der Gruppenleiter schreibt wieder Begriffe aus einem zuvor behandelten Themenkreis in Silben zerlegt an die Tafel. Statt Fragen zu beantworten, sollen die Teilnehmer aber nun einen Begriff wiedererkennen, alle dazugehörigen Silben ausstreichen oder miteinander verbinden und zu dem erkannten Begriff all das an Information wiedergeben, was sie während der Besprechung zum Thema gehört haben.

Silbenkonzert 3A

Material: keines

Durchführung: Ein Mitglied der Gruppe wird vor die Tür geschickt. Die übrige Gruppe überlegt sich zum behandelten Themenkreis einen Begriff, den man in mindestens drei Silben zerlegen kann, z.B. Ge-bor-gen-heit. Die Gruppe unterteilt sich dann in so viele Kleingruppen wie das Wort Silben hat. Jeder Teilgruppe wird eine Silbe zugeordnet. Das Gruppenmitglied, das vor der Tür gewartet hat, wird wieder in den Raum gebeten. Auf das Kommando eines Teilnehmers beginnen nun alle Kleingruppen gleichzeitig damit, ununterbrochen ihre Silbe aufzusagen. Das ratende Mitglied muß herausfinden, um welches Wort es sich handelt, indem es die einzelnen Silben zu einem sinnvollen Wort zusammensetzt.

Variante: Dieses Spiel kann auch mit Satzfragmenten ausprobiert werden.

Hinweis: Ist das Spiel der Gruppe noch unbekannt, sollten die Mitglieder einer Kleingruppe zusammen sitzen oder stehen, um das Raten zu erleichtern. Eine weitere Hilfestellung ist es, wenn sich die Kleingruppen entsprechend der Reihenfolge der Silben im Wort anordnen. Später kann das Spiel variiert werden.

Mannschaftsspiel 3A

Material: eventuell Papier, wenn der Fragenkatalog schriftlich formuliert werden soll

Durchführung: Die Gruppe unterteilt sich in zwei Mannschaften mit gleicher Teilnehmerzahl. Aus jeder Gruppe wird ein Quizmaster bestimmt. Zur Spielvorbereitung bekommt jede Gruppe ca. 10 Minuten Zeit, um zu einem zuvor eingegrenzten Themenbereich Fragen zu formulieren. Danach stellen die beiden gewählten Quizmaster abwechselnd die Fragen an die gegnerische Gruppe. Beantwortet eine Gruppe die ihr gestellte Frage richtig, bekommt sie einen Punkt. Beantwortet sie die Frage falsch oder gar nicht, geht der Punkt an die Gruppe, die sich diese Frage ausgedacht hat.

Hinweis: Der Gruppenleiter sollte darauf achten, daß die Fragen auch beantwortet werden können.

Winnetou 3A

Material: keines

Durchführung: Alle Teilnehmer legen ihren Kopf auf die Bank und schließen die Augen. Der Gruppenleiter (oder ein anderer Teilnehmer) schleicht leise wie ein Indianer durch die Klasse. Nach einer Weile stellt er sich hinter den Stuhl eines Teilnehmers. Dieser soll merken, daß »Winnetou« hinter ihm steht und dann aufsehen. Der Gruppenleiter stellt ihm dann die Frage. Ein weiterer Durchgang beginnt.

Hinweis: Bei dieser Übung wurde eine Stilleübung mit einem Fragespiel kombiniert.

Raupe 3A

Material: vorbereitete Fragelisten mit Antworten

Durchführung: Die Gruppe wird in zwei Mannschaften eingeteilt, die sich hintereinander aufstellen und die Hände auf die Schultern des Vordermannes legen. Beide Gruppen nehmen hinter der Startlinie Aufstellung. In ca. 15 Meter Entfernung ist auf dem Boden eine Ziellinie aufgemalt oder mit einem Band markiert. Der Gruppenleiter hat für jede Gruppe den gleichen Fragenkatalog vorbereitet. Jeweils ein Teilnehmer aus Gruppe 1 liest die Fragen Gruppe 2 vor, und ein Teilnehmer aus Gruppe 1 stellt Gruppe 2 die Fragen. Auf ein gemeinsames Startzeichen hin beginnt das Spiel. Zunächst wird für die einzelnen Gruppen unabhängig voneinander die erste Frage gestellt. Der Teilnehmer, der die Reihe anführt, muß die gestellte Frage beantworten. Hat er sie richtig beantwortet, ruft er »Hopp«, und die ganze Gruppe (Raupe) hüpft so weit es geht nach vorne. Dann läuft der erste Teilnehmer an der Gruppe vorbei und stellt sich hinten wieder an und ruft »Stop«. Erst dann kann die nächste Frage an einen weiteren Teilnehmer gestellt werden. Die Mannschaft, die es zuerst mit dem letzten Mitglied der Raupe über die Ziellinie geschafft hat, hat gewonnen.

Hinweis: Dieses Spiel eignet sich vor allem zur Durchführung im Freien. Es bietet sich auch an, für jede Gruppe einen eigenen Fragenkatalog zu entwickeln, damit keine Gruppe die Antworten der anderen Gruppe mithören kann. Nach dem Spiel können die offenen oder falsch beantworteten Fragen besprochen werden.

Erinnerungsbilder 3A

Material: Bilder zu behandelten Themen

Durchführung: Der Gruppenleiter kopiert aus dem Religionsbuch oder anderen Büchern mit bildlichen Darstellungen Bilder zu verschiedenen behandelten Themen. Die Bilder werden in die Kreismitte gelegt. Wer zu einem Bild eine Geschichte erinnert, nimmt das Bild auf und erzählt. Ist der Teilnehmer mit seiner Darstellung fertig, können die übrigen Teilnehmer Ergänzungen machen, bevor anhand eines weiteren Bildes eine andere Geschichte erinnert wird.

Karten zuordnen 3A

Material: kleine Karteikarten in zwei verschiedenen Farben, Stifte

Durchführung: Der Gruppenleiter bereitet ca. 20 Karteikarten vor, auf denen entweder Fragen, Fachbegriffe oder Zitate stehen. Auf den andersfarbigen Karteikarten notiert er die Antworten, Erklärungen oder den Namen der Personen, von denen die Zitate stammen. Nun wird die Gruppe in zwei Mannschaften unterteilt. Für die erste Mannschaft wird die Hälfte der Fragekarten offen auf den Tisch gelegt. Die Antwortkarten werden an alle Teilnehmer, die zu dieser Gruppe gehören, verteilt. Deren Aufgabe ist es nun, die Karten richtig zuzuordnen. Die andere Gruppe beobachtet, ob die Zuordnungen stimmen. In einem weiteren Durchgang hat dann diese Gruppe die Aufgabe der Zuordnung und die andere ist Schiedsrichter.

Variante: Nicht der Gruppenleiter bereitet die Karten vor, sondern jeder Teilnehmer schreibt selbst je eine Frage- und eine Antwortkarte.

Wortkarten würfeln 3A

Material: kleine Karteikarten zur Vorbereitung der Wortkarten, Stifte, Blankowürfel

Durchführung: Es werden Kärtchen mit zentralen Begriffen des Themas vorbereitet. Auf die Rückseite der Karten werden Symbole gemalt, z.B. Kreuz, Sonne oder Herz. Die Karten werden auf drei Haufen sortiert. Auf einen Blankowürfel werden die gleichen Symbole jeweils zweimal aufgezeichnet. Dann wird reihum gewürfelt. Jeder Teilnehmer darf sich ein Kärtchen vom Stapel mit dem Symbol nehmen, das mit seinem Würfelbild übereinstimmt. Kann er zu dem Begriff der Karte etwas erzählen oder ihn erklären bzw. die gestellte Frage beantworten, darf er die Karte behalten. Gelingt ihm das nicht, legt er die Karte wieder unter dem entsprechenden Stapel ab. Jede Karte zählt einen Punkt.

Fischespiel 3A

Material: Papier, Heftzange, Magnet, Stab mit Schnur, Stifte, Behältnis

Durchführung: Auf Papier werden (mit Hilfe einer Schablone) gleiche Fische gemalt. Jeweils zwei Fische heftet man am Schwanzende zusammen. Die Fragen notiert man außen auf dem Fisch, die Antwort innen. Die Angel ist leicht hergestellt, indem man ein Stück Magnet mit Hilfe eines längeren Nylonfadens an ein Stück Rundholz bindet. Die Fische werden dann geangelt, wenn der Magnet die Heftklammern berührt.

Wird dieses Spiel allein gespielt, liest der einzelne die Frage, die außen auf dem Fisch steht, gibt die Antwort und vergleicht mit der Antwort auf der Innenseite des Fisches. Die Möglichkeit der Selbstkontrolle nimmt Kindern die Angst vor falschen Antworten.

Variante 1: Die Fische können auch als Gruppenspiel eingesetzt werden. Ein Kind angelt einen Fisch und liest die Frage vor. Das Kind, das die richtige Antwort gibt, darf weiterangeln.

Variante 2: Das Fischespiel kann auch am Ende einer thematischen Einheit von den Teilnehmern selbst gestaltet werden. Jeder schreibt je eine Frage und die entsprechende Antwort auf einen Fisch. Die Fische werden gesammelt, und das Spiel kann beginnen. Besonders spannend wird es, wenn die Fische verschiedener thematischer Blöcke zusammen in einem Topf sind und geangelt werden müssen. Vom einzelnen erfordert das ein hohes Maß an Konzentration, Kommunikationsbereitschaft und die Fähigkeit, Gehörtes oder Gelerntes zu reproduzieren.

Hinweis: Bei dieser Idee geht es darum, in einem Frage-Antwort-Spiel Gehörtes, Erfahrenes, Gelerntes auf spielerische Weise zu wiederholen oder einzuüben.

Zublinzeln 3A

Material: keines

Durchführung: Es wird ein Stuhlkreis gestellt, der aus einem Stuhl weniger besteht als Teilnehmer zur Gruppe gehören. Der Teilnehmer, der zunächst keinen Stuhl hat, stellt sich in die Mitte. Er stellt eine Frage und blinzelt dann einem Mitglied der Gruppe zu. Der Angeblinzelte muß die Frage beantworten. Kann er sie nicht beantworten oder beantwortet er sie falsch, so muß er in die Mitte gehen und selbst eine Frage an ein Gruppenmitglied stellen. Dies muß er auch tun, wenn er angeblinzelt wurde und es nicht bemerkt hat. Der Fragesteller nimmt dann dessen Stuhl ein.

Quicky 3A

Material: Papier, Stifte

Durchführung: Der Gruppenleiter nennt ein Stichwort oder Themengebiet, zu dem die Teilnehmer innerhalb von einer Minute alles aufschreiben
sollen, was ihnen dazu einfällt. Die Ergebnisse werden vorgetragen. Wer
möchte, sammelt sie auf einem Plakat oder einer Wandzeitung.

Variante: Statt der schriftlichen Version kann dieses Spiel auch mündlich durchgeführt werden. Abwechselnd bekommen dann die Teilnehmer die Stichworte genannt, zu denen sie ihr Wissen erinnern sollen. Die
übrigen Gruppenmitglieder sind Schiedsrichter.

Hinweis: Diese Übung kann ebenso gut in Partnerarbeit durchgeführt
werden. Wer das ganze lieber als Wettspiel organisieren will, verteilt pro
richtig genanntem Begriff einen Punkt.

Bildergeschichten würfeln 3A

Material: Bildmaterial zu verschiedenen Geschichten

Durchführung: Der Gruppenleiter kopiert (oder malt) zu verschiedenen (biblischen) Geschichten jeweils vier Bilder, die diese Geschichte
darstellen. Die Bilder werden alle offen auf einem Tisch ausgebreitet. Die
Teilnehmer bilden zwei Gruppen und stellen sich um den Tisch herum
auf. Es wird abwechselnd gewürfelt. Die Gruppe, die eine sechs würfelt,
darf sich ein Bild vom Tisch nehmen. Würfelt die Gruppe dann nochmal
eine sechs, muß sie ein Bild vom Tisch nehmen, das zum Bilderzyklus
der Geschichte gehört, in die auch das erste Bild paßt. Erst wenn die vier
Bilder einer Geschichte in der richtigen Reihenfolge abgelegt sind, darf
ein Bild aus einer anderen Geschichte genommen werden.

Variante: Die Bilder müssen entsprechend dem Verlauf der Geschichte in der richtigen Reihenfolge aufgenommen werden.

Hinweis: Hat eine Gruppe ein Bild aufgenommen, das nicht zur Geschichte gehört, muß sie dieses Bild wieder auf den Tisch zurücklegen, und die andere Gruppe darf, ohne vorher eine sechs gewürfelt zu haben, ein Bild aufnehmen.

Plubb 3A

Material: keines

Durchführung: Der Gruppenleiter erzählt eine bekannte (biblische) Geschichte oder trägt einen Sachtext zu einem zuvor behandelten Thema vor. An einigen Stellen ersetzt der Erzähler jedoch den eigentlichen Begriff durch das Wort »Plubb«. Wer meint, das richtige Wort ergänzen zu können, klopft auf den Tisch. Wer zuerst geklopft hat, darf seinen Lösungsvorschlag nennen. Ist die Antwort korrekt, geht ein Punkt an die betreffende Person oder an ihre Mannschaft. Der Gruppenleiter erzählt dann weiter.

Hinweis: Gerade jüngeren Teilnehmern macht es immer wieder Spaß, selbst sogenannte »Plubb-Texte« zu verfassen und die anderen raten zu lassen, welches Wort sich hinter dem »Plubb« verbirgt.

Weitererzählgeschichte 3A

Material: keines

Durchführung: Der Gruppenleiter gibt ein Stichwort oder Thema, das erst kürzlich in der Gruppe besprochen wurde, vor. Nun wird reihum erzählt. Einer beginnt damit, einen Satz zu dem Thema zu sagen. Der nächste wiederholt diesen Satz wörtlich oder sinngemäß und ergänzt einen eigenen Satz, der ebenfalls in Zusammenhang mit dem Thema steht.

Beispiel:

1. Teilnehmer: Die Bibel besteht aus zwei großen Teilen – dem Alten Testament und dem Neuen Testament.

2. Teilnehmer: Die Bibel besteht aus den zwei großen Teilen Altes Testament und Neues Testament. Im Neuen Testament steht die Geschichte Jesu mit den Menschen.

3. Teilnehmer: Die Bibel ist in zwei große Abschnitte unterteilt, die sich Altes und Neues Testament nennen. Das neue Testament erzählt von Jesu Geschichte mit uns Menschen. Im Alten Testament erfahren wir von Gottes Bund ...

Variante 1: Auf die Wiederholung der vorher genannten Sätze kann verzichtet werden.

Variante 2: Nur der vom unmittelbaren Vorgänger eingeführte Satz wird mitgesprochen.

Hinweis: Wenn die Gruppe groß ist, empfiehlt es sich, mehrere Kleingruppen zu bilden. Dabei kann es besonders spannend und interessant sein, wenn sich die einzelnen Gruppen jeweils »ihre Geschichte« erzählen. Je nach Interesse können die kleinen Erzählungen auch aufgeschrieben werden.

Schritte gehen 3A

Material: Kreide oder Schnur

Durchführung: Der Gruppenleiter markiert mit Kreide oder mit Hilfe einer Schnur eine Start- und eine Ziellinie. Die Teilnehmer der Gruppe stellen sich an der Startlinie auf. Der Gruppenleiter stellt nun an den ersten Teilnehmer eine Frage. Kann dieser die richtige Antwort geben, darf er einen Schritt vorgehen; beantwortet er die Frage nur teilweise, muß er stehenbleiben, ist die Antwort jedoch falsch oder bleibt sie aus, muß der Betreffende einen Schritt zurückgehen. Gewonnen hat, wer als erster die Ziellinie erreicht hat.

Variante: Der Gruppenleiter stellt seine Fragen an die gesamte Gruppe. Wer zuerst die richtige Antwort ruft, darf vorgehen. Bei dieser Version ist es sinnvoll, sich einen Teilnehmer als Schiedsrichter zur Hilfe zu holen.

Textstreifen 3A

Material: vorbereitete Textstreifen, Klebstoff

Durchführung: Nachdem die Gruppenmitglieder eine Geschichte gehört haben, tragen sie diese gemeinsam zusammen. Anschließend wird die Gruppe in Klein- oder Zweiergruppen unterteilt. Jede Gruppe erhält nun die gesamte Geschichte auf Textstreifen. Gemeinsam werden die Textstreifen in die richtige Reihenfolge gebracht. Nach einer Besprechung in der Großgruppe können die Streifen aufgeklebt werden.

Hinweis: Für die Besprechung im Plenum kann es hilfreich sein, die richtige Reihenfolge der Textstreifen auf dem Overheadprojektor mit Folienstreifen zu legen.

Wo gehört es hin? 3A

Material: keines

Durchführung: Der Gruppenleiter nennt drei bis vier Begriffe, die zu einem Themenkreis gehören. Die Teilnehmer sollen daraufhin das Themengebiet benennen können. Dann nennt der Gruppenleiter neue Begriffe zu einem weiteren Inhalt.

Beispiele:
Jakobsgeschichte: Linsengericht – Erstgeburtsrecht – behaarte Haut – Betrug
Josefsgeschichte: schönes Kleid – Brüder – Ägypten – Pharao
Noahgeschichte: Regenbogen – Sintflut – Taube – Bund Gottes

Variante 1: Dieses Spiel kann auch zur Gruppenfindung eingesetzt werden. Dazu benötigt man vorbereitete Karten, auf denen jeweils die Begriffe notiert sind. Nun müssen sich all die Teilnehmer zu einer Gruppe zuammenfinden, deren Begriffe zu einem Themenbereich gehören. Eventuell können die Begriffe auch durch Zeichnungen ersetzt werden.

Variante 2: Die Teilnehmer sollen sich den Begriff auf ihrer Karte einprägen und die Karte dann wieder an den Gruppenleiter zurückgeben. Nun versucht jeder, seinen Begriff pantomimisch darzustellen. Wieder geht es darum, daß sich Gruppen zusammenfinden.

Hinweis: Dieses Spiel kann auch mit zwei Gruppen gespielt werden. Zunächst werden der ersten Gruppe die Begriffe genannt. Findet sie die Antwort, erhält die Gruppe einen Punkt, und die nächste Gruppe erhält ihre Aufgabenstellung. Wurde der Themenkreis nicht gefunden oder falsch benannt, geht die Frage an die nächste Gruppe weiter.

Szenen nachspielen 3A

Material: Karten mit Situationsangaben

Durchführung: Der Gruppenleiter bereitet Karteikarten vor, auf denen er Situationen der zuvor gehörten und besprochenen (biblischen) Geschichte notiert hat. Ein Teilnehmer liest dann die Situationskarte durch und entscheidet, ob er die Szene allein darstellen kann oder ob er dazu Hilfe braucht. Eventuell wählt er dann weitere Teilnehmer aus. Allein oder gemeinsam wird die Szene pantomimisch dargestellt, während die übrigen Gruppenmitglieder die richtige Situation erraten und benennen müssen.

Variante: Besonders schwierig, aber auch spannend wird es, wenn der Gruppenleiter Situationskarten bereithält, die zu mehreren Geschichten gehören.

Kreuzworträtsel 3A

Material: Papier, Stifte

Durchführung: Der Gruppenleiter entwirft ein Kreuzworträtsel, das die Inhalte des zuvor behandelten Themenbereichs abfragt. Ein Kernbegriff erscheint als Lösung in dickumrandeten Feldern. Die Teilnehmer lösen dieses Kreuzworträtsel allein oder mit einem Partner.

Variante 1: Solche Kreuzworträtsel können, wenn diese Form einmal bekannt und eingeübt ist, auch von den Teilnehmern selbst entworfen werden.

Variante 2: Um den Teilnehmern das Lösen des Kreuzworträtsels zu erleichtern, können bereits ein oder zwei Begriffe in das Rätsel eingetragen sein.

Ja–Nein–Stuhl 3A

Material: zwei Stühle, zwei Schilder: »Ja« und »Nein«

Durchführung: Die Teilnehmer werden in zwei Gruppen aufgeteilt. Die einzelnen Gruppenmitglieder stellen sich hintereinander in Reihen auf. Vor den Gruppen stehen zwei Stühle, einer mit einem Ja-Schild und einer mit einem Nein-Schild. Der Gruppenleiter stellt Fragen zum behandelten Thema, die sich mit ja oder nein beantworten lassen. Die Teilnehmer, die jeweils vorne in der Reihe stehen, eilen zu den Stühlen. Wer zuerst auf dem richtigen Stuhl sitzt, bekommt für seine Mannschaft einen Punkt.

Variante: Die Gruppenmitglieder der beiden Mannschaften erhalten Nummern. Nachdem der Gruppenleiter die Frage gestellt hat, ruft er eine Nummer auf. Die Teilnehmer mit der aufgerufenen Nummer eilen dann zu den Stühlen.

Bildmeditation 1A/2A

Material: Bild in Plakatgröße, Papier, Stifte

Durchführung: Das Bild wird zunächst ohne Nennung der Bildunter-schrift bzw. des Titels vor der Gruppe aufgehängt. Ausgangspunkt der Betrachtung ist der Gesamteindruck des Kunstwerks. Bevor die Teil-nehmer ihre Assoziationen äußern und Fragen zum Bild im Plenum stellen, haben sie diese in Stillarbeit notiert.

Im Anschluß an die eher freie Assoziationsphase soll der Blick dann auf Einzelheiten wie z.B. den Aufbau des Bildes oder die Elemente gelenkt werden. Hierzu kann es hilfreich sein, wenn der Gruppenleiter gezielte Beobachtungsaufgaben stellt oder konkrete Fragen formuliert. Welchen Eindruck macht das Bild auf dich? Welchen Ausschnitt stellt das Bild dar? Welche Farben hat der Künstler vorwiegend verwendet?

Variante 1: Werden auf diese Weise zwei Bilder nacheinander bespro-chen und beschrieben, bietet sich ein Bildervergleich an.

Variante 2: Handelt es sich um eine Darstellung aus der christlichen Geschichte, liegt es nahe, im Anschluß an die Bildinterpretation das Bild in Beziehung zu den Aussagen der Geschichte zu setzen.

Hinweis: Durch diese Art der Bilderarbeitung wird eine Auseinander-setzung mit dem Bild erreicht, bei der die Gedanken bzw. die Interpre-tation nicht gleich in eine Richtung gelenkt werden.

Bildbetrachtung 1A/2A

Material: Bildmaterial in ausreichender Größe

Durchführung: Die Betrachtung und Beschreibung des Bildes kann durch verschiedene Aufgabenstellungen gelenkt werden. Die Gruppe sitzt im Halbkreis vor dem Bild. Wichtig ist, daß reihum jeder Teilnehmer nur einen Beitrag leistet und dann der nächste an die Reihe kommt. Dabei gibt es verschiedene Möglichkeiten, an Bilder heranzugehen:

Variante 1: Jeder versucht, das, was er auf dem Bild sieht, mit Hilfe eines Adjektives zu beschreiben.

Variante 2: Den dargestellten Personen werden Namen gegeben, die etwas über ihre Tätigkeit, ihre Beziehungen, ihre Haltung aussagen.

Variante 3: Bei der Betrachtung richtet sich das Augenmerk zunächst nur auf die Farbgebung. Würde sich die Bildaussage durch eine andere Farbauswahl verändern? Wenn ja, wie?

Variante 4: Dem vorgegebenen Bild wird ein anderes Bild gegenübergestellt. Die Gruppe vergleicht, kontrastiert.

Variante 5: Es werden ausschließlich Verben zur Bildbeschreibung herangezogen.

Variante 6: Einer beginnt damit, mit drei Sätzen eine kurze Geschichte zum Bild zu erzählen. Der Nachbar knüpft mit ebenfalls maximal drei Sätzen an die Geschichte an.

Umfrage 1A/2A

Material: Papier, Stifte

Durchführung: Zunächst einmal legt die Gruppe ein Thema fest, zu dem sie entweder Informationen einholen möchte von Menschen, die in diesem Bereich (fach-)kundig sind oder ein Thema, bei dem es um ein Meinungsbild der Öffentlichkeit geht. Um Informationen zu erhalten, ist die Auswahl der geeigneten Interviewpartner entscheidend. Die Gruppe überlegt sich vorher, wen sie befragen möchte und besorgt sich die Adressen. Geht es um Meinungen, sind die Gesprächspartner beliebig. Gemeinsam wird in der Gruppe ein Fragenkatalog für die Interviewpartner erstellt. Für die Meinungsumfrage legt die Gruppe Standorte fest, an denen Personen angesprochen werden können, z. B. vor dem Lebensmittelgeschäft, vor der Bücherei etc. Jeweils zwei Teilnehmer zusammen sollten dann an einem dieser Orte Leute ansprechen und ihnen erklären, zu welchem Zweck sie die Befragung durchführen. Bei der Informationssammlung können die Interviewpartner entweder schriftlich um Mithilfe gebeten werden, oder man vereinbart telefonisch mit ihnen einen Gesprächstermin. Am Ende der Befragung stellen jeweils die Interviewteams ihre Ergebnisse zusammen. In einer dafür vereinbarten Gruppenstunde werden dann die Resultate vorgestellt und ausgewertet.

Hinweis: Die Teilnehmer sollten vor der Umfrage unbedingt darauf hingewiesen werden, daß die Reaktionen der Interviewpartner recht unterschiedlich sein können. Dennoch haben sich Umfragen als spannende und fruchtbare Aktionen erwiesen.

Wer weiß Antwort? 1A/2A

Material: Papier, Stifte

Durchführung: Der Gruppenleiter liest einen kurzen Text oder ein Zitat vor, das zum Nachdenken anregt. Die Teilnehmer achten auf ihre

Einfälle, die ihnen beim Hören kommen. Jeder schreibt auf ein DIN-A4-Blatt auf, was ihm eingefallen ist. Die Papiere werden im Sitzkreis weitergegeben. Wer eine Antwort auf eine Frage weiß, notiert sie. Jeder Fragensteller bekommt nach der Runde sein Papier zurück.

Beispiel: Ist es schlimm, wenn ich mich Gott manchmal fern fühle?

Nein, weil er von sich aus nahe bleibt!
Nein, ich kann versuchen, wieder näher zu kommen.
Das ist ganz normal und menschlich,
sonst wären wir ja schon da, wo wir hin sollen.
Ich denke, »zweifeln« ist dem Menschen eigen
und ist gleichfalls ein Suchen nach Gott;
denn würde ich nicht zweifeln,
würde ich mich überhaupt nicht mit Gott beschäftigen!
Es wird dich zum Umkehren bewegen.
Es ist schwer, sich in allen Situationen Gott nahe zu fühlen.
Nein!
Ich kann mich Gott nicht immer nahe fühlen;
eine »heile« Welt gibt es nicht.
Unser Leben bedarf der ständigen Umkehr.

Bilder zum Sprechen bringen 1A/2A

Material: Bilder, Poster zur Betrachtung, Bildkopien für jeden Teilnehmer, Stifte

Durchführung: Je nach Bild empfiehlt es sich, Ausschnitte zu wählen, die nacheinander betrachtet werden sollen. Dann wird das Bild in seiner Gesamtheit dargeboten, und die Einzelteile werden miteinander in Zusammenhang gebracht. In Sprech- oder Gedankenblasen können die Äußerungen, Gedanken, Wünsche und Träume von Personen eingetragen werden. Beziehungen der dargestellten Personen können so verdeutlicht werden. Ergänzende Fragen können sein, wie es zu der dargestellten Szene gekommen ist und wie die Geschichte weitergehen könnte.

Bildersammlung 1A/2A

Material: Bildmaterial, z.b. Postkarten, Bilder aus Zeitschriften, Zeichnungen

Durchführung: Der Gruppenleiter legt seine gesammelten Bilder, auch solche, die auf den ersten Blick nichts mit der Thematik zu tun zu haben scheinen, auf den Tisch. Jeder Teilnehmer wählt sich das Bild heraus, das ihm am besten gefällt. Er begründet seine Wahl.

Variante 1: Die Auswahl eines Bildes geschieht unter einem thematischen Aspekt. Welches Bild weckt z.b. am ehesten eine Weihnachtserinnerung in dir?

Variante 2: Die Teilnehmer suchen Bilder, die zusammengehören könnten.

Variante 3: Ein Bild dient als Sprechanlaß: »Dieses Bild erzählt uns...« Jeder Teilnehmer ergänzt etwas dazu.

Variante 4: Die Gruppe teilt sich in Kleingruppen auf. Jede Gruppe erhält ca. vier Bilder aus der Sammlung. Ihre Aufgabe ist es, aus den Bildern eine Bildfolge zu legen und dazu eine kleine Geschichte zu erzählen.

Variante 5: Ein Teilnehmer wählt ein Bild aus der Sammlung und erzählt etwas dazu. Sein Nachbar sucht nun ein anderes Bild aus der Sammlung und knüpft mit diesem Bild und seiner Erzählung an das zuvor Gesagte an.

Variante 6: Die Teilnehmer wählen die Bilder aus, die ihrer Meinung nach nichts mit dem Thema zu tun haben.

Variante 7: Die Teilnehmer wählen immer jeweils zwei Bilder aus, die Gegensätzliches zum Ausdruck bringen.

Buchstabenkarten 1A/2A

Material: pro Buchstabe des gewählten Wortes eine Buchstabenkarte mit einem Großbuchstaben

Durchführung: Der Gruppenleiter legt alle Buchstabenkarten auf den Tisch. Die Teilnehmer versuchen zunächst, aus allen Buchstaben ein Wort zu legen. Dieses Wort benennt das Thema, z.B. WEIHNACHTEN. In einem nächsten Durchgang versuchen die Teilnehmer, aus den Buchstabenkarten noch weitere Wörter zu legen, in denen nicht alle Karten verwendet werden müssen, z.b. NACHT, WACHE, NAH, WEIN, WEIHE, ACHT, EIN, WACHTEN, NEIN, ACHTEN, WENN usw. Wer findet am meisten Wörter? Die gefundenen Begriffe werden aufgeschrieben. Welche davon haben etwas mit dem Ausgangswort zu tun oder erklären es näher? WACHTEN – die Hirten wachten auf dem Feld bei den Schafen. NACHT – In der Heiligen Nacht wurde das Jesuskind geboren usw.

Gemeinschaftsbild 1A/3A

Material: weißes Papier in DIN-A3- oder DIN-A2-Format, Bunt- oder Wachsmalstifte

Durchführung: Jeder Teilnehmer erhält ein weißes Blatt Papier. Er beginnt damit, einen Aspekt des Themas zu malen. Nach einer Minute wird das Blatt an den Tischnachbarn weitergereicht, man selbst erhält ebenfalls ein neues Bild. Nach einer Minute wird wieder gewechselt. Die Runde ist zu Ende, wenn jeder wieder sein Ausgangsbild in Händen hält. Eine Reflexionsphase sollte sich anschließen. Welche Aspekte sind auf dem Bild dargestellt? Wie hat sich »mein« Bild verändert? Welche Gefühle hatte ich, als ich merkte, daß »mein« Bild nicht in meinem Sinne weitergemalt wurde? Was gefällt mir/gefällt mir nicht an meinem Bild?

Wörterrätsel 1A/3A

Material: Tafel und Kreide oder Plakatwand und Stifte

Durchführung: Der Gruppenleiter schreibt ein zentrales Wort der behandelten oder zu behandelnden Thematik auf. Die Teilnehmer sollen ein Wort finden, das mit dem Endbuchstaben des angeschriebenen Wortes anfängt und ebenfalls in Verbindung zur Thematik steht.

Beispiel:
```
JAKOB
    R
    U
    D
    E
    REBEKKA
```

Durchflüstern 1A/3A

Material: keines

Durchführung: Der Gruppenleiter oder ein Teilnehmer überlegen sich einen Gruß oder einen Sinnspruch, der an alle Teilnehmer weitergegeben werden soll. Dabei geht es darum, daß dieser Gruß – im Gegensatz zum Spiel »Stille Post« – wirklich genau so weitergegeben wird, wie er am Anfang formuliert war. Jeder soll die Originalfassung hören und weiterflüstern. So ist es auch erlaubt, den Gruß bei Nichtverstehen nochmals zu wiederholen.

Variante: Anstelle einer Grußformel, die zu Beginn durchgeflüstert wird, können auch Zitate oder Bibelverse weitergegeben werden.

Hinweis: Diese Übung eignet sich auch als Stilleübung.

Laufende Stoffsammlung 1A/3A

Material: Tafel und Kreide oder Wandzeitung und Stifte

Durchführung: Der Gruppenleiter erinnert noch einmal mit wenigen Worten an die vorangegangene Gruppenstunde. Er stellt den Teilnehmern die Aufgabe, möglichst alle Begriffe und Stichworte zu nennen, die sie mit dem Thema des letzten Zusammentreffens verbinden. Die Teilnehmer überlegen sich ein Wort und schreiben es an die Tafel. Danach geben sie die Kreide an einen anderen Teilnehmer weiter. (Es empfiehlt sich, mit zwei oder mehreren Kreidestücken zu arbeiten.)

Variante: Nachdem alle Begriffe an der Tafel gesammelt wurden, faßt der Gruppenleiter oder ein freiwilliger Teilnehmer unter Zuhilfenahme der Wörter noch einmal das bereits Erarbeitete zusammen.

Hinweis: Diese Übung eignet sich vor allem als Anknüpfung an die letzte Gruppenstunde.

Geschichtskarten 2A/3A

Material: kleine Karteikarten, Papier, Stifte

Durchführung: Der Gruppenleiter bereitet ca. fünf Karten mit Stichworten vor, die einer (biblischen) Geschichte entnommen sind.

Nachdem die Geschichte erzählt wurde, gibt der Gruppenleiter einem Teilnehmer die erste Karte. Dieser soll nun aufgrund dieser Wortkarte erzählen, was er zu dem entsprechenden Stichwort aus der Geschichte erinnert. Erinnert er sich nicht, gibt er die Karte an einen anderen Teilnehmer weiter. Nacheinander werden so alle Wortkarten verteilt, bis die gesamte Geschichte nacherzählt worden ist.

Variante 1: Die Teilnehmer ordnen die Wortkarten nach Abfolge der Erzählung.

Variante 2: Mit Hilfe der Wortkarten erzählen die Teilnehmer die Geschichte schriftlich nach.

Variante 3: Bevor den Teilnehmern die Geschichte erzählt wird, werden nur die Wortkarten ausgeteilt. Jeder nennt dazu seine Gedanken und Assoziationen, die eventuell auch schriftlich fixiert werden. Nachdem die Geschichte dann erzählt wurde, wird ein Bezug zu den zuvor geäußerten Gedanken hergestellt.

Lückentext 2A/3A

Material: Kopien des Lückentextes für die Teilnehmer, Stifte

Durchführung: Der Gruppenleiter liest eine (biblische) Geschichte vor oder erzählt sie frei. Die Teilnehmer erzählen die Geschichte mit eigenen

Worten nach. Danach erhalten alle die Geschichte in schriftlicher Form. An einigen Stellen im Text sind jedoch Lücken gelassen, die von den Teilnehmern richtig auszufüllen sind.

Variante 1: Um das richtige Ausfüllen zu erleichtern, sind die Lückenwörter vorgegeben.

Variante 2: Anstelle der Lücken sind Zeichnungen in den Text eingefügt, die durch den entsprechenden Begriff zu ersetzen sind.

Lexikon 2A/3A

Material: Lexika, Nachschlagewerke, Bildbände, Konkordanz etc.

Durchführung: Die Gruppe sammelt Sach-, Fachbegriffe und Personen zu einem vorher festgelegten Themenkreis und notiert sie. Jeweils zwei Teilnehmer wählen dann einen oder mehrere Begriffe aus, zu denen sie nähere Informationen suchen wollen. Jedes Team versucht, möglichst zu jedem Begriff eine Bild- und Textvorlage zu erstellen. Anschließend werden alle Beiträge alphabetisch geordnet, kopiert und zusammengebunden. Auf diese Weise entstehen thematisch ausgerichtete Lexika, die auch für die eigene Gruppe immer wieder als Nachschlagewerke dienen können.

Beispiel: Beim Thema Kirche könnte mit den folgenden Begriffen ein kleines Lexikon erarbeitet werden:
Altar, Blumen, Empore, Glocken, Kanzel, Kerzen, Kirchturm, Kirchenraum, Kreuz, Lesepult, Orgel, Paramente, Sakristei, Taufstein
Beim genannten Beispiel bietet es sich an, das Lexikon mit Fotografien der eigenen Kirche auszugestalten und ein Exemplar in der Kirchengemeinde zur Ansicht auszulegen.

Platzhalter 2A/3A

Material: je nach Geschichte mehrere verschiedenfarbige Papierkreise

Durchführung: Der Gruppenleiter bereitet pro Person oder Personengruppe ein oder mehrere verschiedenfarbige Kreise vor. Die Geschichte bzw. die Beziehungen der Personen untereinander und die Situationen werden durch die farbigen Papierkreise markiert und visualisiert.

Variante: Die Teilnehmer malen entweder ein Bild, das die Vorgeschichte darstellt oder ein Bild, das den Ausgang der Geschichte beschreibt. Unterschiedliche Lösungen werden vorgestellt und besprochen.

Stickmusterbogen 2A/3A

Material: dünne Wolle oder Stickgarn, Nadel, Schere, evtl. Klebstoff

Durchführung: Zu fast jedem Thema lassen sich Stickbilder herstellen. Dazu wählt man einen Ausschnitt aus einer Geschichte oder ein Symbol, das gestaltet werden soll. Die entsprechende Szene bzw. das Bild werden aufgemalt. Im Abstand von ca. 1 cm sticht man nun mit einer Nadel Löcher in die Vorlage und beginnt mit dem Sticken. Wer nicht sticken möchte oder kann, klebt die Wollfäden einfach auf. Wollfadenbilder können auch frei, ohne Vorlage, gestaltet werden. Wer nicht selbst eine Vorlage aufmalen möchte oder kann, nimmt einfach Ausmalbilder oder Kopiervorlagen, die sich in vielen Begleitheften zu Religionsbüchern finden.

Szenen stellen 2A/3A

Material: keines

Durchführung: Diese Übung eignet sich sowohl zum Erarbeiten eines Themas als auch zum Erinnern von Szenen und Situationen einer Geschichte. Ein Gruppenmitglied wählt je nach darzustellender Szene zwei bis drei Gruppenmitglieder aus der Gruppe aus und formt diese so, als wären sie aus Ton, zu einer Szene, in der sie verharren müssen. Die zuschauenden Gruppenmitglieder sollen nach Fertigstellung der Szenerie erkennen, um welchen Teil der Geschichte es sich handelt und diese Passage erzählen. Je nach Art der Darstellung können aber auch Gefühle interpretiert und Situationen deutlicher werden, eventuell werden Sichtweisen aufgebrochen. Das Nachstellen einer Szene kann auch dabei helfen, Abschnitte einer Geschichte und Handlungen überhaupt erst nachvollziehen zu können.

Gerade die Vätergeschichten bieten sich für diese Methode an, aber auch das Gleichnis vom verlorenen Sohn.

Variante: Die Zuschauer erhalten nach Fertigstellung und Besprechung einer Szene die Möglichkeit, die Darstellung zu verändern, andere Akzente zu setzen. Ein auswertendes Gespräch sollte hier ebenfalls folgen.

Hinweis: Die Übung erweist sich dann als besonders schwer, wenn die Themengebiete nicht eingegrenzt werden.

Kneten 2A/3A

Material: Knet- oder Modelliermasse, die an der Luft trocknet, oder Ton

Durchführung: Nach Absprache der benötigten Produkte und der Größenverhältnisse formen die Teilnehmer ihre Figuren und Gegenstände etc. nach eigenen Vorstellungen. Jedes Teilprodukt ist für ein Gemeinschaftswerk wichtig. Bei diesem Projekt ergeben sich Absprachen und Zusammenarbeit, ohne daß sie vom Gruppenleiter »gefordert« werden. Eine andere Möglichkeit besteht darin, daß sich jeder individuell mit einem Thema auseinandersetzt und dies gestaltet. Die unterschiedlichen Arbeitsergebnisse werden zunächst zu einer Ausstellung zusammengestellt, ohne daß die einzelnen Kunstobjekte einem Künstler zugeordnet werden können. Jeder soll sich frei äußern, Fragen formulieren, Empfindungen nachspüren. Erst dann kann der Künstler selbst etwas über die Motivation zu diesem Werk sagen.

Hinweis: Knete oder Ton eignet sich für verschiedenartige Lernprozesse: Gegenstände können nachgebildet, Situationen ausgestaltet werden, Figuren »belebt« werden. Neben der gedanklichen Umsetzung eines Inhaltes und dem Darstellen von Beziehungen sind hier auch Techniken des Formerfassens, der Formgebung und das Beachten von Größenverhältnissen gefordert.

Wörter malen 2A/3A

Material: Textkopien, Papier, Buntstifte

Durchführung: Die Teilnehmer bekommen einen (biblischen) Text, der Thema der nächsten Gruppenstunde ist. Jeder liest seinen Text und versucht dann, die Geschichte mit eigenen Worten nachzuerzählen. Dabei soll allerdings jedes Wort, das sich bildlich darstellen läßt, durch eine Zeichnung ersetzt werden. Anschließend werden die unterschiedlichen Textfassungen vorgelesen und die Zeichnungen im Text gezeigt.

Variante: Die Nacherzählungen mit den Text-Zeichnungs-Kombinationen werden ausgetauscht. Jeder liest die Fassung eines anderen vor und übersetzt beim Vorlesen die Zeichnungen in Worte.

Korrektur 2A/3A

Material: Arbeitsblatt, Schere, Klebstoff

Durchführung:
Der Gruppenleiter bereitet einen Text zu einer (biblischen) Geschichte oder zum behandelten Thema vor. In diesen Text hat er allerdings Fehler eingefügt. Die richtigen Füllwörter stehen unterhalb des fehlerhaften Textes. Aufgabe der Teilnehmer ist es, die Fehler ausfindig zu machen, die Lösungswörter auszuschneiden und die falschen Begriffe zu überkleben.

Fingerpuppen   1A/2A/3A

Material: je nach Art der Fingerpuppen z. B. Schachteln, Papprollen, Käseschachteln, Wolle, Holzkugeln, Stoff, Stifte, Klebstoff, Papier

Durchführung: Mit Hilfe einfacher »Restmaterialien« werden Fingerpuppen hergestellt. Die einfachste Methode ist die, eine Figur auf Papier zu zeichnen, sie anzumalen und dann das Papier rund zusammenzukleben, so daß es um einen Finger gestülpt werden kann. Wirkungsvoller sind Fingerpuppen aus Filz oder Stoff, bei denen einzelne Elemente wie z. B. Arme, Gesicht etc. aus andersfarbigem Filz ausgeschnitten und appliziert werden. Einfach in der Herstellung, aber dennoch sehr effektvoll, ist das Aufstecken großer Holzkugeln auf den Finger. Auf diese Holzkugeln kann man mit Filzstiften Gesichter aufmalen und eventuell mit Wolle Haare ankleben. Bei der Gestaltung von Fingerpuppen aus Papprollen oder alten Schachteln sind der Kreativität keine Grenzen gesetzt.

Je nachdem, was mit den Fingerpuppen gespielt werden soll, wird bei der Ausgestaltung der Figuren Bezug auf die Personen der Geschichte genommen. Im Spiel selbst kommt es dann zu einem produktiven Umgang mit Sprache – Argumentation, Dokumentation, freie Rede und Diskussion werden eingeübt. Das eigene Ich tritt hinter die Figur zurück und ist dennoch erkennbar. Trotzdem bleibt der Umgang mit der Puppe sachbezogen und verlangt Vorwissen zu einem Themenbereich und Phantasie.

Hinweis: Fingerpuppen eignen sich vor allem für Rollenspiele und dialogische Szenen. Gerade für sprachgehemmte Kinder sind Fingerpuppen eine Hilfe: Hemmungen werden auf die Figur übertragen und können damit überwunden werden. Eine besondere Beziehung zur Figur wird bereits durch die Herstellung erzeugt. Durch das In-Bezug-Treten zur Figur und zur Geschichte und die sprachliche Auseinandersetzung mit den Mitspielern fördert das Puppenspiel soziales und handelndes Lernen.

Collage 1A/2A/3A

Material: Plakatkarton, Scheren, Klebstoff, Stifte, Zeitungen, Zeitschriften, Kataloge, Prospektmaterial

Durchführung: Die Gruppe wird in Kleingruppen eingeteilt. Jede Kleingruppe sichtet zunächst einmal das Material, wählt Bilder aus, sortiert und entscheidet über deren mögliche Verwendung. Dann werden die Bilder vorläufig auf dem Plakat angeordnet und das Arrangement diskutiert. Eventuell wird eine Bild-Text-Kombination überlegt. Dann wird die endgültige Collage geklebt und den anderen Kleingruppen vorgestellt.

Hinweis: Diese Methode eignet sich zum vielfältigen Einsatz. Die Gruppe kann selbst ihr Thema finden, die Collage kann eine Vorbereitung in der Kleingruppe auf ein anschließendes Gespräch im Plenum sein, sie kann Inhalte dokumentieren, Aussagen vertiefen, Probleme kontrastieren, Lösungen vorschlagen, zum Weiterdenken anregen usw.

Inneres Ohr 1A/2A/3A

Material: keines

Durchführung: Die Gruppe wird in zwei Gruppen eingeteilt. Gruppe A setzt sich in einen inneren Stuhlkreis. Gruppe B setzt sich hinter Gruppe A in einen äußeren Stuhlkreis. Die Teilnehmer des inneren Sitzkreises beginnen nun zum Thema eine Diskussion oder verständigen sich über den inhaltlichen Aspekt. Die Personen des äußeren Sitzkreises hören aufmerksam zu. Nach einer zuvor festgelegten Zeit wird die Gesprächsrunde beendet. Gruppe B erzählt, was sie gehört hat. Dann tauschen die beiden Gruppen ihre Plätze. Gruppe B diskutiert zum gleichen Themenschwerpunkt oder zu einem weiteren Inhalt; Gruppe A hört aufmerksam zu.

Variante: Ein Mitglied der Gruppe B setzt sich jeweils genau hinter ein Mitglied der Gruppe A. Gruppe A diskutiert ein Thema, zu dem es innerhalb der Gruppe unterschiedliche Meinungen gibt. Die Partner aus Gruppe B unterstützen jeweils ihren »Vorsitzer« mit Argumenten.

Hinweis: Diese Übung eignet sich ganz besonders, wenn es darum geht, zu einem Thema kontrovers zu diskutieren. Auch zum Einstieg in ein neues Thema bietet sich diese Form an, wenn Vorerfahrungen und persönliche Meinungen eingebracht werden sollen.

Bei aufgetretenen Streitsituationen bietet sich die Methode zur Konfliktbewältigung an.

Gruppenpuzzle 1A/2A/3A

Material: Bild oder Poster

Durchführung: Der Gruppenleiter zerschneidet ein Bild oder Poster in so viele Puzzleteile, daß jedes Gruppenmitglied ein Puzzleteil erhält. Gemeinsam wird das Gruppenpuzzle gelegt.

Stabfigur 1A/2A/3A

Material: Papier, Pappe, Holzstab, Klebstoff, Stifte oder bereits gefertigte Stabpuppe

Durchführung: Durch Spiel und Worte werden die Stabpuppen lebendig. Sie können von dem Land erzählen, aus dem sie kommen, sich vorstellen, ihre Geschichte erzählen, in ein Thema einführen, Szenen nachgestalten, Geschichten zu Ende spielen und befragt werden.

Variante: Die Stabpuppe kann auch als Sprechzeichen für Gesprächsrunden Verwendung finden. Wer die Puppe hat, hat das Wort. Hat man geendet, gibt man das Wort, die Puppe weiter.

Hinweis: Grundsätzlich läßt sich jede (biblische) Figur als Stab- oder Stockpuppe gestalten. Diese Puppen eignen sich auch als Leitfigur einer thematischen Einheit und bieten die Möglichkeit einer unbefangenen Begegnung mit dem Thema. Die Teilnehmer legen der Figur ihre Sprache und ihre Gedanken in den Mund, haben selbst aber das Gefühl, die Puppe äußere sich so, eigene Gefühle und Bedürfnisse werden auf sie übertragen – eine interessante Beobachtungsaufgabe für den Gruppenleiter.

Wort- und Bilderwürfel 1A/2A/3A

Material: entsprechend der Durchführungsart verschieden: Papier, Stifte, Gebetsbücher, Pappe, Scheren, Klebstoff, Buntstifte

Durchführung:
Bilderwürfel: Er enthält z.B. 6 Bilder zu einer (biblischen) Geschichte. Je ein Schüler würfelt und erzählt zu dem Bild die passende Geschichte. Eventuell können die Mitspieler ergänzen. Es darf erst weitergewürfelt werden, wenn möglichst viel zusammengetragen wurde.

Wortwürfel: Auch dieser Würfel bietet Sprechanlässe. Er enthält 6 Stichworte einer (biblischen) Geschichte, zu denen die Schüler erzählen sollen. Es kann entweder der Schüler zu dem Wort berichten, der auch gewürfelt hat, oder es wird abwechselnd gewürfelt, aber alle Schüler tragen ihr Wissen über das jeweilige Stichwort zusammen.

Tageswürfel: Aufgrund eines aktuellen Geschehens in der Gruppe oder in unmittelbarer Umgebung oder aufgrund eines aktuellen Problems, das durch die Nachrichten oder die Tageszeitung bekannt geworden ist, formuliert die Gruppe freie Gebete für einen Fürbittenwürfel.

Gebetswürfel A: Jeder Teilnehmer erhält ein Blatt mit 9 Kästchen. In 6 Kästchen stehen Gebete, 3 Kästchen bieten den Schülern Platz, eigene Gebete zu formulieren oder ein anderes ihnen bekanntes Gebet aufzuschreiben. Die Schüler bekleben einen »leeren« Würfel mit »ihren«

Gebeten. Dadurch, daß nicht jeder Schüler den gleichen Würfel hat, entsteht beim Einsatz des Gebetswürfels (z.B. im Morgenkreis in der Schule oder am Ende der Gruppenstunde) keine Langeweile durch Wiederholungen.

Gebetswürfel B: Er bietet eine Alternative zu den herkömmlichen Gebetswürfeln. Lediglich das »Thema«, über das die Schüler frei ein Gebet formulieren sollen, ist vorgegeben, z. B. »Ich danke für...«, »Ich staune über...« usw.

Hinweis: Jeder Teilnehmer entscheidet vor Auswahl der Gebete, ob er einen Morgen-, Mittag-, Abend- oder Ganztagsgebetswürfel gestalten möchte. Selbstgestaltete Gebetswürfel sind übrigens eine schöne Geschenkidee.

Stimmungsbilder   1A/2A/3A

Material: Vier Stimmungsbilder, Tesafilm

Durchführung: Der Gruppenleiter bereitet vier Bilder mit jeweils einem lachenden, einem traurigen, einem zerknirschten und einem »mittleren« Gesicht vor. Diese Bilder werden in den Ecken des Gruppenraumes aufgehängt. Anschließend wird die Bedeutung der Gesichter für die gesamte Gruppe besprochen und festgelegt. Der Gruppenleiter beginnt damit, Fragen zu einem Thema zu stellen. Die Teilnehmer ordnen sich entsprechend ihrer Meinungen und Einschätzungen den einzelnen Ecken zu.

Hinweis: Bei diesem Spiel geht es nicht um Wissen, sondern um persönliche Meinungen und Beurteilungen. Deshalb ist oberste Regel, daß niemand aufgrund seiner Zuordnung ausgelacht werden darf. Die Zuordnungen sollen auch nicht kommentiert werden. Wer sich zu einer Fragestellung keinem Gesicht zuordnen kann, bleibt einfach in der Mitte stehen. Haben sich alle Teilnehmer nach einer Frage positioniert, schaut sich die Gruppe nur still im Raum um.

Am Ende des Spiels kann über die unterschiedlichen Erfahrungen im Spiel gesprochen werden. Wertfreie Rückfragen können an einzelne Teilnehmer gestellt werden.

Puzzle-Klick 1A/2A/3A

Material: Poster- oder Bildmaterial zum Thema, Pappe als Unterlage

Durchführung: Ein Großbild, z.B. die Landschaft Palästinas, wurde vom Gruppenleiter zerschnitten. Entsprechend der Puzzleteile hat er ein Raster auf die Pappe, die als Unterlage dient, aufgemalt. Nacheinander werden nun die Teile des Puzzles auf das numerierte Raster gelegt. Aufgabe der Teilnehmer ist es, die Gesamtdarstellung so schnell wie möglich zu erraten.

Variante: Wer daraus ein Wettspiel machen möchte, teilt die Gruppe in zwei Mannschaften. Die Gruppe, die die Darstellung auf dem Bild errät, bekommt soviel Punkte, wie noch Puzzleteile zur Fertigstellung des Gesamtbildes fehlen.

Nachrichtenüberbringung 1A/2A/3A

Material: keines

Durchführung: Vier Teilnehmer verlassen den Gruppenraum. Einem weiteren Teilnehmer wird nun eine Geschichte vorgelesen. Danach wird der erste Teilnehmer wieder in den Saal gerufen. Diesem erzählt der Teilnehmer, der im Saal bleiben durfte, nun die Geschichte, die ihm vorgelesen wurde, mit eigenen Worten nach. Dann kommt der zweite Teilnehmer in den Raum, der vom ersten Teilnehmer die Geschichte erzählt bekommt. Dann erzählt der zweite dem dritten Teilnehmer die Geschichte usw. Diejenigen, die als Zuschauer an dem Spiel beteiligt waren, berichten von ihren Beobachtungen, die Akteure von ihren Erfahrungen.

Hinweis: Die Übung soll deutlich machen, wieviel bei mündlicher Überlieferung weggelassen oder verändert werden kann. Daher eignet sich diese Übung ganz besonders zum Einstieg in die Thematik »Überlieferung der Bibel«.

1B: Einsteigen

Geschichten zum Sprechen bringen 1B

Material: Mehrere Kopien der Bildfolge einer Geschichte (pro Gruppe eine), Papierstreifen, Stifte

Durchführung: Die Bildfolge einer (biblischen) Geschichte wird in die Kleingruppe gegeben. Gemeinsam wird überlegt, was die gezeigten Personen wohl miteinander sprechen können bzw. was die Situation besagt. Die Ergebnisse werden kurz – möglichst in einem Satz – auf Papierstreifen geschrieben.

Dann werden die Bilder vom Gruppenleiter in die richtige Reihenfolge gebracht. Jede Gruppe stellt ihre Besprechungsergebnisse vor und klebt sie unter das entsprechende Bild.

Variante 1: Der Gruppenleiter gibt die Reihenfolge nicht vor; die Kleingruppen überlegen selbst eine mögliche Abfolge.

Variante 2: Unterschiedliche Deutungen und Bewertungen der Kleingruppen werden besprochen bzw. in Szene gesetzt und diskutiert.

Anschließend stellt der Gruppenleiter die zu den Bildern tatsächlich gehörende Geschichte vor.

Variante 3: Der Gruppenleiter erzählt die Geschichte frei oder liest sie vor.

Variante 4: Der Gruppenleiter hat die einzelnen Passagen der Geschichte ebenfalls auf Papierstreifen geschrieben und ordnet sie während des Vortrags nacheinander den Bildern zu.

Variante 5: Die Teilnehmer ordnen selbst zu und erzählen mit Hilfe der Textstreifen die Geschichte.

Naturspaziergang (Schöpfung) 1B

Material: keines

Durchführung: Die Teilnehmer unternehmen einen Spaziergang durch die Natur, durch einen Park, den Wald, einen Garten. Eventuell erhalten sie Beobachtungsaufgaben oder den Auftrag, etwas besonders Schönes vom Spaziergang mitzubringen.

Variante 1: Die vom Spaziergang durch die Natur mitgebrachten »schönen« Dinge (z.B. Steine, Muscheln, Rinde, Holz, Blüten etc.) werden in einem Korb gesammelt. Mit verbundenen Augen muß ein Teilnehmer die Dinge ertasten oder erriechen.

Variante 2: Während des Spaziergangs macht die Gruppe an einem besonders schönen Platz eine Pause. Dort geht es mit Hilfe des Spiels »Ich sehe was, was du nicht siehst« darum, Schönheiten in der Natur zu entdecken.

Variante 3: Die Gruppe versucht, in der Natur einmal eine Minute lang ganz leise zu sein. Welche Geräusche sind zu hören?

Variante 4: Jeder Teilnehmer kniet sich auf den Boden und stützt seine Hände nach vorne ab. Er beobachtet eine Minute lang alles, was sich zwischen seinen Händen befindet und bewegt.

Hinweis: Es geht darum, die Teilnehmer in ihrer Wahrnehmungsfähigkeit zu sensibilisieren und sie zum Staunen über die Schönheit der Schöpfung zu führen.

Punktefeld (Gemeinschaft) 1B

Material: beliebige Anzahl roter Papierkreise (oder pro Teilnehmer einen Kreis) und einen schwarzen Kreis

Durchführung: Der Gruppenleiter legt die roten Punkte zu einer Gruppe zusammen in die Kreismitte. Der schwarze Kreis liegt abseits der Gruppe. Zunächst äußern sich die Teilnehmer frei dazu. Dann folgt der Hinweis, daß die Kreise stellvertretend für Menschen stehen. Die Teilnehmer erzählen nun Situationen zu der Punkteanordnung; eventuell verändern sie die Ordnung auch beim Erzählen. Anschließend wird überlegt, wie man dem schwarzen Kreis helfen könnte, daß er nicht mehr so abseits und allein von der Gruppe sein muß. Die Teilnehmer machen ihre Vorschläge und nehmen den schwarzen Kreis in die Gruppe der roten Kreise auf.

In einem weiteren Schritt wird näher darauf eingegangen, warum der schwarze Kreis so einsam und allein sein könnte. Nach einer freien Äußerungsphase erzählt der Gruppenleiter, daß dieser schwarze Kreis einen besonderen Namen hat. Die Teilnehmer äußern ihre Vermutungen. Der Gruppenleiter legt nun ein Kärtchen mit dem Namen »Ich will nicht!« ab. Die Teilnehmer erzählen nun weitere konkretere Situationen zur Darstellung. Danach lautet der Name des schwarzen Kreises »Ich kann nicht!« und wieder erzählen die Teilnehmer zur veränderten Situation. Ein weiterer Name lautet »Ich darf nicht!«

Das letzte Situationsbild sollte so aussehen, daß sich der schwarze Kreis unter der Gruppe der roten befindet. Ein Textstreifen mit der Aufschrift »Gemeinsam statt *(in roter Farbe)* einsam *(in schwarzer Farbe)*!« wird über das Punktebild gelegt.

Hinweis: Im Anschluß kann man darüber sprechen, was mit anderen besser gelingt als allein. Oder es sollten Interaktions- und Kooperationsspiele durchgeführt werden, die nur dann gelingen, wenn die ganze Gruppe sich an die Regeln hält und mitmacht.

Kerzenwunsch (Weihnachten/Wünsche) 1B

Material: eine dicke Stumpenkerze

Durchführung: Eine dicke Kerze steht in der Mitte des Stuhlkreises. Wir betrachten still die Flamme. Je ruhiger wir als Gruppe werden, umso ruhiger wird auch die Flamme der Kerze; sie hört auf zu flackern. In der Stille überlegt jeder für sich, was ihm das neue Jahr, die bevorstehende Woche bringen wird. Wir stehen leise auf und überlegen, was wir jemandem aus unserer Gruppe für die bevorstehende Zeit wünschen können. Wir nehmen die Kerze aus der Mitte und tragen sie zusammen mit unserem Wunsch zu einem Teilnehmer. Dieser macht sich dann seinerseits mit der Wunschkerze auf.

Variante 1: Statt mit Worten können wir die anderen auch mit einem Lächeln, einer netten Geste grüßen.

Variante 2: Jeder Teilnehmer hat ein Teelicht. Dieses Licht entzündet er an der großen Kerze, die in der Mitte steht. Dann geht er mit dem kleinen Licht zum Geburtstagskind und stellt das Teelicht vor ihm ab, während er seinen Geburtstagswunsch sagt. Die anderen Teilnehmer verfahren ebenso. Das auf diese Weise entstandene Lichtermeer ist Ausdruck der vielen guten Wünsche der Gruppe für denjenigen, der Geburtstag feiert.

Dalli-Klick (Bilder) 1B

Material: Bild oder Poster im Großformat, Packpapier, Tesafilm, Schere

Durchführung: Bevor die Gruppe in den Gruppenraum kommt, hängt der Gruppenleiter zunächst das Poster auf, das durch ein größeres Stück Packpapier verdeckt wird.

Anschließend schneidet der Gruppenleiter nach und nach einzelne Stücke aus dem Packpapier heraus, so daß Ausschnitte des darunterhängenden Bildes sichtbar werden. Der Gruppenleiter kann sich vorher mit Bleistift die Schnittlinien und die Reihenfolge aufzeichnen. Die Teilnehmer beschreiben zunächst den sichtbar gewordenen Ausschnitt ausführlich, dann erst wird das nächste Stück freigegeben.

Hinweis: Bei dieser Methode geht es darum, das Augenmerk der Betrachter zunächst auf Einzelheiten zu lenken. Manches, was vielleicht beim Betrachten des gesamten Bildes unterginge, kann so besonders hervorgehoben werden. Die zusammengetragenen Details erlauben eine umfassende Analyse und Betrachtung des Bildes.

Die Spannung bleibt erhalten. Es geht nicht darum, daß die Teilnehmer bereits nach wenigen Schnitten »erraten«, was das Gesamtwerk zeigt. Vielmehr geht es um ein bewußtes, aufmerksames Betrachten.

Eckenwandern (Andere sind anders/Außenseiter) 1B

Material: vier verschiedenfarbige Schilder

Durchführung: Alle Teilnehmer stehen in der Mitte des Raumes. Der Gruppenleiter hängt in jede Ecke des Raumes ein andersfarbiges Schild. Im folgenden stellt er dann Fragen, in denen es um die persönliche Wahrnehmung der einzelnen geht, z. B. alle, die braune Haare haben, stellen sich in die gelbe Ecke, alle mit blonden Haaren in die blaue Ecke, alle mit schwarzen Haaren in die rote Ecke. Entsprechend der eigenen Einschätzung ordnen sich die Teilnehmer dann den Ecken zu. Ist die Zuordnung erfolgt, schauen sich die Teilnehmer einen Moment um, nehmen die Selbsteinschätzung des anderen aber kommentarlos hin. Erst nach mehreren Durchgängen sollte über die Erfahrungen und Gefühle gesprochen werden, können Fragen gestellt werden, z. B. ich finde, daß du dunkelblonde Haare hast. Warum hast du selbst dich zu der Gruppe mit den braunen Haaren gestellt? Wer sich bei einem Durchgang nicht einer Ecke zuordnen kann oder mag, bleibt in der Mitte stehen.

Hinweis: Ist diese Übung in der Gruppe noch nicht eingeführt, empfiehlt es sich, mit nur zwei Ecken zu beginnen. Je nach Frage- bzw. Aufgabenstellung und je nach Gruppe kann es schwerfallen, sich die Zuordnungen zu allen Ecken zu merken.

Geschichtenpuzzle (Texte) 1B

Material: Textkopien

Durchführung: Der Gruppenleiter unterteilt die Geschichte, die er mit der Gruppe erarbeiten möchte, in so viele Abschnitte, wie er Kleingruppen à ca. vier Personen bilden kann. Jeden der Abschnitte kopiert er auf ein gesondertes Blatt. Jede der Kleingruppen erhält einen Papierbogen mit dem Ausschnitt der Geschichte. Der Abschnitt soll zunächst gelesen werden. Anschließend erzählt jede Gruppe ihren Textabschnitt nach, wobei die Reihenfolge der Gruppen völlig beliebig ist. Nachdem alle Nacherzählungen gehört wurden, ist es Aufgabe der Großgruppe, die Geschichtsabschnitte in die richtige Reihenfolge zu bringen. Jetzt kann die Geschichte nochmal in der ursprünglichen Fassung vorgelesen werden.

Puzzle (Kirchenjahr) 1B

Material: »leerer« Kalender in Großformat

Durchführung: Der Gruppenleiter zeigt einen »leeren« Kalender. Es entspinnt sich ein Gespräch darüber, was man in diesen Kalender alles eintragen könnte, z.B. die Geburtstage der Gruppenmitglieder, die Ferien, Namenstage, kirchliche Festtage und Feiertage, politische, lokale Gedenktage, besondere Ereignisse. Die Eintragungen werden mit verschiedenen Farben vorgenommen; ein »voller« Kalender kann helfen.

Anschließend nimmt sich die Gruppe die kirchlichen Feste und Festzeiten vor. Wann beginnt das Kirchenjahr? Die Gruppe stellt einen Kirchenjahr-Kalender her, beginnend mit dem 1. Advent. In diesem Kalender sind die kirchlichen Feiertage und Festzeiten besonders markiert. Das Kalenderbild wird entweder mit einer Geschichte zu dem jeweiligen Fest gestaltet oder mit einer Zeichnung.

Wärme weitergeben (Mitmenschlichkeit) 1B

Material: eine dicke Stumpenkerze

Durchführung: Eine dicke Stumpenkerze wird angezündet. Ein Teilnehmer hält beide Hände schalenförmig um die Flamme herum. Wenn sich die Hände erwärmt haben, legt er sie auf die geöffneten Hände seines Nachbarn, dieser versucht, ebenfalls die Wärme weiterzugeben. Dann wärmt sich ein anderer Teilnehmer die Hände an der Kerzenflamme.

Zuhörbild (Schöpfung) 1B

Material: Buntstifte, Klebstoff, weißer Plakatkarton (DIN A1), Kopien von den einzelnen Schöpfungswerken oder einfache Zeichnungen, Bibeltext oder Bilderbuchtext von der Erschaffung der Welt

Durchführung: Je nach Gruppenstärke wird die Gruppe nochmals in Kleingruppen unterteilt. Die Materialien sind dann für jede Gruppe vorzubereiten. Vor jeder Gruppe liegt ein großes weißes Plakat und die Kopien bzw. Zeichnungen der einzelnen Schöpfungswerke. Bevor der Gruppenleiter die Schöpfungsgeschichte vorliest, erhalten die Teilnehmer den Auftrag, aus den vor ihnen liegenden Materialien entsprechend dem Verlauf der Geschichte während des Hörens ein Bild zu kleben. Der Gruppenleiter liest oder erzählt die Geschichte langsam, so daß die Teilnehmer auch etwas Zeit zur Gestaltung haben; allzu große Unterbrechungen sind jedoch zu vermeiden. Danach stellen die einzelnen Gruppen einander die Ergebnisse vor. Ein Gespräch über die Arbeit in der Gruppe und die unterschiedlichen Gestaltungsmöglichkeiten kann sich anschließen.

Puzzleteile (Außenseiter) 1B

Material: Bildmaterial zum Herstellen eines Puzzles, Puzzleteile

Durchführung: Aus einem großen Bild oder Poster wird ein Puzzle hergestellt, das drei Teile weniger hat, als Mitglieder zur Gruppe gehören. Für diese Teilnehmer werden drei andere Puzzleteile bereitgehalten. Jeder Teilnehmer darf sich ein Puzzleteil nehmen. Die Aufgabe besteht darin, durch den Raum zu gehen und Partner zu finden, an die man sein Puzzleteil anlegen kann. Haben sich Partner oder Kleingruppen gefunden, beginnen diese ihre Teile abzulegen, andere Teilnehmer legen an. Drei Gruppenmitglieder bleiben jedoch übrig und erfahren, daß ihr Puzzleteil nicht zum Gesamtbild gehört. In einer anschließenden Austauschsrunde geht es um die gemachten Erfahrungen. Wie ist es der Gruppe gelungen, Partner zu finden und schließlich das Puzzle zusammenzusetzen? Wie ging es denjenigen, die die Erfahrung machen mußten, nicht dazuzugehören?

Variante 1: Die Teilnehmer berichten im Anschluß an das Spiel von Situationen, in denen sie tatsächlich von einer Gemeinschaft, einer Aktivität ausgeschlossen waren.

Variante 2: Die Teilnehmer überlegen, wie es gelingen könnte, die drei »Außenseiter« mit in das Gruppenbild hineinzunehmen, z. B. durch Zerschneiden einzelner Puzzleteile. Was könnte diese Handlung im tatsächlichen Leben bedeuten?

Variante 3: Der Gruppenleiter hat mehrere Puzzlebilder für Kleingruppen à maximal vier Teilnehmer vorbereitet. Jede Kleingruppe erhält die Teile eines Puzzlebildes und soll diese stumm zusammensetzen. Ist das Bild gepuzzelt, nimmt die Gruppe die Teile wieder auseinander und gibt das Bild an die nächste Gruppe weiter. Auch hier erfolgt am Ende der Durchgänge ein Erfahrungsaustausch: Wie gelang uns das Zusammensetzen? Wie haben wir uns verständigt? Hat einer die Führung übernommen?

Variante 4: Die Kleingruppen bemalen ihre Puzzleteile, wenn sie aus weißem Papier geschnitten wurden.

Ich packe einen Erntekorb (Erntedank) 1B

Material: keines

Durchführung: Die Teilnehmer sitzen im Kreis. Ein Teilnehmer beginnt: »Ich packe in den Erntekorb eine Tomate. Der nächste Teilnehmer wiederholt den Satz des Vorgängers und packt noch etwas in den Erntekorb hinzu: »Ich packe in den Erntekorb eine Tomate und eine Zucchini.« Reihum wird so das Spiel fortgesetzt.

Hinweis: Es ist auch denkbar, daß der Gruppenleiter einen großen Erntekorb und viele Erntegaben bereitstellt, so daß das Gesagte auch in Handlung umgesetzt werden kann.
   Anschließend kann die Frage »Was bedeutet das Erntedankfest?« bearbeitet werden.

Zusammenhang herstellen (Gleichnis vom großen Gastmahl) 1B

Material: Zeitschriften, Plakatkarton, Klebstoff, Stifte, Scheren

Durchführung: Die Teilnehmer nennen Beispiele, wo sie mit anderen Menschen gemeinsam essen, z.B. zu Hause, in der Schule, mit Freunden, bei Festen. In Kleingruppen werden Collagen zum Thema »Gemeinsam essen« erstellt. Anschließend erzählt der Gruppenleiter das Gleichnis vom großen Gastmahl nach Lk 14,7-24.

Hinweis: Es geht darum, Tischgemeinschaft als Ausdruck von Zusammengehörigkeit zu erfahren. Als Weiterführung könnte mit der Gruppe Brot gebacken und gemeinsam gegessen werden.

Wasser erleben (Taufe) 1B

Material: blaues Tuch, Schale mit Wasser, Becher

Durchführung: Die Teilnehmer bilden einen Sitzkreis. In der Mitte wird ein blaues Tuch ausgebreitet. Nacheinander äußern die Teilnehmer ihre Assoziationen. Der Gruppenleiter stellt eine leere Glasschale auf das Tuch und liest aus »Der kleine Prinz« die Stelle vor, an der der kleine Prinz beim Brunnen ist. Dann holt ein Teilnehmer mit seinem Becher Wasser vom Hahn, schüttet es seinem Nachbarn in den Becher, der das Wasser wiederum an seinen Nachbarn weitergibt. Der letzte Teilnehmer der Runde füllt den Inhalt des Bechers in die Glasschale. Anschließend tauschen sich die Teilnehmer aus, warum sie das Wasser so vorsichtig weitergegeben haben, wie sie die Tropfgeräusche des Wassers wahrgenommen haben, wieviele Becher notwendig waren, um die Schüssel zu füllen usw.

Variante 1: In der Mitte steht eine Schüssel mit Wasser. Die Teilnehmer berichten, wann sie an diesem Tag schon mit Wasser in Berührung gekommen sind. Um Wasser einmal bewußt wahrzunehmen, bewegen sie ihre Hände im Wasser, ziehen sie durchs Wasser, erzeugen Bewegung, Wellen, Geräusche.

Variante 2: Wir feuchten unsere Hände an und geben einen Wassertropfen mit den Fingerspitzen an den Nachbarn weiter.

Variante 3: Wir machen einen Waldspaziergang zu einer Quelle und trinken vom frischen Quellwasser. Oder wir gehen zu einer Wassertretstelle. Wasser erfrischt uns.

Variante 4: Wir besorgen eine große Allzweckabdeckplanne aus dem Baumarkt. Die Folie wird ausgebreitet, und jeder Teilnehmer faßt am Rand der Folie an. Mit oder ohne Musik formen wir kleine und große Wellen. Wir legen einen Luftballon oder eine Feder auf die Folie und lassen die Gegenstände auf dem Wasser tanzen.

Variante 5: Wir hören uns »Wassermusik« an, z.B. die Moldau von Smetana oder die Wassermusik von Händel.

Variante 6: Um das Lebensspendende des Wasser zu verdeutlichen, beobachten wir Pflanzen. Eine Pflanze wird ausreichend gegossen, eine überhaupt nicht.

Variante 7: Wir malen den Weg des Wassers von der Quelle bis ins Meer. Was erlebt so ein Wassertropfen? Was könnte er erzählen?

Variante 8: Auf große Plakate wird jeweils eine der folgenden Aussagen geschrieben: Wasser birgt Energie, Wasser reinigt, Wasser bringt Leben, Wasser erfrischt, Wasser trägt, Wasser zerstört. Die Teilnehmer schreiben ihre Gedanken und Assoziationen auf die Plakate.

Hinweis: In den oben beschriebenen Übungen geht es darum, Wasser als Taufsymbol erleben und erfahren zu lassen. Wasser ist ein lebenspendendes Element und damit Symbol des Lebens. Wo Wasser ist, können Menschen, Tiere und Pflanzen leben. Das Taufwasser ist ein Symbol für das Leben, das uns durch Gott geschenkt wird. Wer den lebensbedrohenden Aspekt des Wassers (z.B. Sintflut, Überschwemmung) berücksichtigen möchte, kann Wassertropfen aus verschiedenfarbigem Papier vorbereiten. Auf die Wassertropfen der einen Farbe werden die positiven Aspekte des Wassers geschrieben, auf die andersfarbigen Tropfen die negativen.

Wortcollage (Freundschaft) 1 B

Material: Pro Gruppe eine Kopie der Wortcollage, im DIN- A3-Format, Stifte, Klebstoff, Papierbögen

Durchführung: Die Teilnehmer werden in drei Gruppen eingeteilt. Jede Gruppe erhält eine Wortcollage.

Gruppe 1 diskutiert, welche Begriffe zum Thema Freundschaft / Partnerschaft gehören, welche nicht. Nicht dazugehörige Wörter werden gestrichen.

Gruppe 2 tippt mit geschlossenen Augen auf 10 Wörter und kreist diese ein. Mit Hilfe dieses Wortmaterials erstellt nun jedes Gruppenmitglied oder die gesamte Gruppe einen Text zum Thema.

Gruppe 3 malt auf einen großen Papierbogen den Umriß eines Menschen. Dann werden die Begriffe der Wortcollage ausgeschnitten und der entsprechenden Stelle der Körperzeichnung zugeordnet und aufgeklebt.

Anschließend stellen die einzelnen Gruppen ihre Ergebnisse vor und berichten von ihren Erfahrungen.

Beispiel einer Wortsammlung: Liebe, Hoffnung, Freude, Freunde, Freundin, Hund, Katze, Baum, Oma, Frieden, Telefon, Brief, Essen, schreiben, spielen, erzählen, zuhören, einladen, vertrauen, verraten, lügen, Haus, Familie, küssen, streicheln, schmusen, Angst, Zeit, Erwartung, Vorfreude, Ferien, Erlebnisse, Abenteuer, Schule, Wald, Spielplatz, Auto, Eis, Stadt, Kino, bummeln, Spaziergang, lachen, verrückt sein, schön, blond, Gewissen, Herz, Liebeskummer, Eltern, Heimlichkeiten, Glück, warten, Enttäuschung, Verzweiflung, 7. Himmel, Liebesbrief, Kirmes, Schokoladenherz, Sehnsucht, vermissen, allein, einsam, Bruder, Vater, Mutter, Schwester, Ruhe, strahlende Augen, roter Mund, Kamerad, Aids, krank, lügen, reich, arm, Ausländer, Vorurteil, Mißverständnis, lieben, weinen, träumen, Wünsche, brauchen, ausnutzen, falsche Freunde, Kumpel, Pferde stehlen, Abschied, Umzug, heiraten, Ring, Kette, Geschenk, schlafen, unterhalten, trösten, feiern, helfen, denken, unterstützen, nett, gut

Hinweis: Bei dieser Methode geht es darum, sich auf unterschiedliche Weise einem Thema zu nähern, Vorerfahrungen zu bündeln, Erwartungen und Meinungen zu diskutieren. Aufgrund der Gruppenergebnisse kann dann die weitere Vorgehensweise geplant werden.

Wortcollagen können vom Gruppenleiter auch zu anderen Themen vorbereitet werden.

Rollenspiel (Vater unser) 1B

Material: Rollenspielkarten

Durchführung: Der Gruppenleiter erzählt davon, daß die Freunde Jesus um ein Gebet bitten (Lk 11,1-4). Anschließend zeigt der Gruppenleiter jeweils zwei Teilnehmern eine Rollenspielkarte, zu der eine kleine Szene gespielt werden soll, z.b.: Ein Schüler erzählt seinem Vater/seiner Mutter etwas aus der Schule, oder ein Kind bittet seine Mutter/seinen Vater um die Erfüllung eines Wunsches, ein Kind bedankt sich für die Erfüllung eines Wunsches.

Variante: Die Rollenspiele können durch Bildkarten, die im Anschluß an die Szenen gemalt werden, noch verstärkt werden.

Hinweis: Durch die Rollenspiele und die anschließende Auswertung soll deutlich werden: Die Mutter bzw. der Vater hilft, hört zu, ist bei uns, tröstet uns, hat uns lieb etc. Da jedoch nicht immer von guten Erfahrungen mit Vater bzw. Mutter ausgegangen werden kann, ist es nötig, herauszuarbeiten, daß Gott ein guter Vater für uns alle ist. Unterstützung kann hierbei die Geschichte vom guten Vater, Lk 15,11-24, sein.

Zeichen neuen Lebens (Auferstehung) 1B

Material: pro Teilnehmer ein Plastikei zum Füllen

Durchführung: Die Teilnehmer erhalten den Auftrag, ihr Ei mit etwas zu füllen, das Zeichen neuen Lebens ist. In der nächsten Gruppenstunde werden die Eier in einem Korb gesammelt und nacheinander geöffnet. Über die Inhalte, z.B. eine Raupenzeichnung, eine Blume etc. wird gesprochen.

Fremdbild (Ich und andere) 1B

Material: keines

Durchführung: Ein Teilnehmer verläßt den Gruppenraum. Die übrigen einigen sich auf ein Gruppenmitglied, das beschrieben werden soll. Jeder überlegt nun eine positive Eigenschaft, die ihm zu dem genannten Mitglied einfällt. Auch der Betreffende selbst muß überlegen, mit welcher Eigenschaft er sich darstellen kann. Der Hereingerufene muß nun gut zuhören, wenn die anderen Teilnehmer ihm reihum ein Attribut zu der ausgedachten Person nennen. Er soll erraten, wer beschrieben wurde.

Hinweis: Diese Übung hat zwei Aspekte. Zum einen tut es dem, der beschrieben wird, gut zu hören, mit welchen positiven Eigenschaften die übrigen Gruppenmitglieder ihn belegen. Zum anderen erhält der Betreffende ein Fremdbild, das er mit seinem Selbstbild vergleichen kann. Darüber hinaus lernt die Gruppe sich dadurch auch besser kennen.

Gut-Tu-Kiste (Gruppe/Ich/Stärken) 1B

Material: pro Teilnehmer eine Streichholzschachtel, ausreichende Anzahl an Zetteln, die in eine Streichholzschachtel passen, Stifte

Durchführung: Jeder Teilnehmer überlegt sich, was er an den anderen Teilnehmern schätzt, bewundert, was ihm an ihnen besonders gefällt, welche Stärken er an ihnen beobachtet usw. Für jeden Teilnehmer schreibt jeder eine solche »gute« Karte auf, die demjenigen, der sie liest, gut tun wird. Jeder Teilnehmer schreibt auf seine Streichholzschachtel seinen Namen. Die Schachteln werden aufgestellt und jeder verteilt nun seine Kärtchen in die entsprechenden Schachteln. Jeder Teilnehmer erhält so sein ganz persönliches Schatzkästchen mit lauter gutgemeinten, lieben Worten, die er nach Bedarf nachlesen kann; sie können ihn trösten, ihm Mut machen, ihn bestärken, eben einfach guttun.

Hinweis: Es ist ganz wichtig, darauf hinzuweisen, daß wir uns mit diesen Worten gut tun wollen. Außerdem ist es schön, wenn sich jeder wirklich auch für jeden etwas Positives überlegt, da man selbst ja auch froh ist, wenn man etwas Liebes gesagt bekommt.

Berufungsspiel (Jüngerberufung) 1B

Material: keines bzw. eventuell eine Stabfigur »Jesus«

Durchführung: Ein Gruppenmitglied übernimmt die Rolle Jesu. Eventuell nimmt es eine Stabfigur »Jesus« in die Hand. »Jesus« geht nun durch den Raum und bleibt vor einem anderen Teilnehmer stehen. Er spricht: »Komm mit mir, ich lade dich ein. Sag, willst du mein Jünger sein?« Wenn die gefragte Person mitgehen möchte, antwortet sie: »Jünger Jesu sein – da mach ich mit. Ich komme gerne mit.« Hand in Hand ziehen die beiden nun weiter durch die Gruppe, um noch andere »Jünger« zu berufen. Die Gruppe tauscht sich über die im Spiel gemachten Erfahrungen aus. Der Gruppenleiter erzählt Mk 1,16-20 von der Jüngerberufung.

Variante: Die Teilnehmer erzählen oder hören vom Leben der Fischer.

Hinweis: Wer die Geschichte von der Jüngerberufung auch bildhaft gestalten möchte, kann dies folgendermaßen tun: Einige Teilnehmer malen insgesamt 12 Jünger und Jesus und schneiden die Figuren aus. An den Händen werden Jesus und seine Jünger zusammengeklebt. Aus buntem Papier werden kleine Schiffe gefaltet; Netze von Zitronen oder Orangen dienen als Fischernetze und werden in die Boote geklebt. Ein See wird aufgemalt, die Jüngerkette und die Boote werden auf das Plakat geklebt.

Wer bin ich? (Paulus) 1B

Material: Bild einer Person, die näher besprochen werden soll, vorbereitete Antwortkarten, Tesafilm

Durchführung: Bei der Vorbereitung überlegt sich der Gruppenleiter Fragen, die die Teilnehmer an die betreffende Person stellen könnten. Die entsprechenden Antworten dazu schreibt er auf große Wortkarten aus festem Zeichenkarton. Nähere Erläuterungen zu den Antworten schreibt er auf die Rückseite, so daß die Teilnehmer eventuell selbst nachlesen können. Für den Fall, daß der Gruppenleiter Fragen nicht mitberücksichtigt hat, hält er Blankokarten bereit, auf denen er dann in der Gruppenstunde die Antworten ergänzt.

Zunächst hängt er das Bild der Person im Gruppenraum auf. Es geht nicht darum, möglichst schnell zu erraten, um wen es sich handelt, sondern darum, nähere Informationen über diese Person zu erhalten. An die Gruppe wird z.B. der Hinweis gegeben: »Jemanden kennenlernen ist gar nicht so einfach. Um jemanden wirklich kennenzulernen, müssen wir mehr von ihm wissen als nur den Namen. Da brauchen wir schon ein bißchen Zeit, um uns mit ihm zu unterhalten. Jemanden wirklich kennen – das ist schwieriger als man denkt.« Vielleicht erzählen die Teilnehmer an dieser Stelle auch von Situationen und Erlebnissen, bei denen sie jemanden kennengelernt haben oder in denen es um ein Verkennen ging. »Ich schlage vor, daß wir in den nächsten Gruppenstunden gemeinsam einen Mann kennenlernen. Es ist gar nicht so leicht, diesen Mann kennenzulernen, denn er hat bereits vor ca. 2000 Jahren gelebt. Einige sagen, er sei ein wichtiger Mann, andere mögen ihn nicht. (Es bietet sich auch an, das Bild erst an dieser Stelle den Teilnehmern zu zeigen.)

Die Teilnehmer äußern sich zunächst zu dem Bild. »Damit wir diesen Mann näher kennenlernen, müssen wir ihn befragen. Es gibt sicher viele Dinge, die ihr über ihn wissen möchtet. Überlegt euch (eventuell in Kleingruppen) Fragen zu diesem Mann und schreibt auf, was ihr über ihn wissen möchtet! Ich versuche dann, stellvertretend für diesen Mann, eure Fragen zu beantworten.« Nachdem ausreichend Zeit zum Formulieren der Fragen zur Verfügung stand, stellen die Teilnehmer (oder die Kleingruppen) ihre Fragen. Der Gruppenleiter beantwortet die

Fragen in erzählender Form und gibt dann die Antwortkarte an den Fragensteller weiter. Dieser heftet die Antwortkarte zum Bild.

Variante 1: Nachdem alle Fragen gestellt wurden, fordert der Gruppenleiter die Teilnehmer auf, Paulus mit Hilfe der Wortkarten in der Ichform vorzustellen, z.B. »Ich, Paulus, wurde in Tarsus geboren...«

Variante 2: Die Teilnehmer notieren sich die Stichworte über Paulus und schreiben eine Kennkarte in Form eines Steckbriefes. Dazu kann es hilfreich sein, die näheren Erläuterungen auf der Rückseite der Karten durchzulesen.

Variante 3: Nachdem alle Antwortkarten um das Bild herum aufgehängt sind, versucht die Gruppe, eine Ordnung in die einzelnen Karten zu bringen. Die Ordnungsgesichtspunkte werden dabei von der Gruppe selbst gefunden, z.B. Geburt, Elternhaus, Religion/Staatsbürgerschaft, Ausbildung/ Beruf ...

Hinweis: Die hier für Paulus vorgeschlagene Idee läßt sich auf jede andere Person, mit deren Leben und Wirken man sich näher auseinandersetzen will, übertragen. Bei einem solchen Einstieg geht es darum, das Interesse für eine bestimmte Person zu wecken. Eine weiterführende und vertiefende Bearbeitung ist unerläßlich und spannend.

Antwortkarten:

1   Paulus
2   Saulus
3   geboren +/- 0
4   gestorben +/- 60
5   Tarsus
6   römischer Bürger
7   Grieche
8   gesetzesstrenger Jude
9   reicher Vater
10   Zeltmacher
11   Tora
12   Gebetsschal

13 Gebetsriemen

14 Gamaliel

15 Jerusalem

16 Studium der Schriftgelehrsamkeit

17 eifert für das Gesetz

18 erzählt die christliche Botschaft

19 Apostel Christi

20 Briefe

21 Apostelgeschichte

22 Reisen

23 Reden

24 Pharisäer

Erläuterungen zu den Antwortkarten:

1 Paulus hatte zwei Namen. Sein römischer Name war Paulus = der Kleine.

2 Sein jüdischer Name Saulus ist ein familiärer, unter seinen Glaubensgenossen gebräuchlicher, zusätzlicher Name. Saulus erinnert an den ersten König von Israel, Saul. Paulus´ Eltern waren fromme Juden. Sein Vater ging in die Synagoge und nicht wie die anderen in den Tempel, um zu opfern. Auch Paulus nahm er mit in die Synagoge. Er wurde nach dem jüdischen Gesetz beschnitten. Lies Phil 3,5!

3/4 Das genaue Geburts- und Todesjahr des Paulus steht nicht fest. Nachforschungen haben ergeben, daß er ungefähr um 0 geboren und ungefähr um 60 gestorben sein muß.

5 Tarsus ist die Hauptstadt der römischen Provinz Kilikien und liegt heute in der Ost-Türkei. Damals lebten dort Griechen, Juden und Kaufleute aus anderen Ländern. Tarsus gewann seine Bedeutung vor allem durch die zwei Handelsstraßen, die sich in der Stadt kreuzten. Die eine führte vom Schwarzen Meer nach Syrien und Palästina, die andere verband den Osten Kleinasiens mit dem Westen. Ein Flußhafen verband die Stadt mit dem Mittelmeer. Suche Tarsus auf der Karte!

6	Bürgern der Stadt Tarsus konnte das römische Bürgerrecht verliehen werden. Sie bezahlten geringere Steuern und standen unter dem besonderen Schutz des Kaisers in Rom. Das bedeutete z.B., daß sie im Falle eines Prozesses oder Gerichtsurteils beim Kaiser Einspruch erheben konnten. Paulus erbte das römische Bürgerrecht von seinen Eltern.

7	Seiner Bildung nach war der römische Bürger Paulus Grieche. Die Stadt, in der er aufwuchs, wurde als die Hauptstadt der griechischen Kultur in Kleinasien bezeichnet. Paulus kannte sich in griechischer Kultur, Religion und Philosophie gut aus.

8	Nach dem jüdischen Gesetz wurde Paulus beschnitten. Er besuchte die Synagoge und lernte die Septuaginta (hebräische Bibel in griechischer Übersetzung) kennen. Von Kind an war er mit allen jüdischen Sitten und Gebräuchen bekannt.

9	Sein reicher Vater schickte ihn zum Studium nach Jerusalem.

10	Paulus erlernte zunächst denselben Beruf wie sein Vater, Zeltmacher und Teppichweber. Teppiche kauften vorwiegend die Reichen der Stadt. Zelte dagegen wurden von den fahrenden Händlern benötigt. Mit dieser Tätigkeit verdiente sich Paulus auch auf seinen späteren Reisen seinen Lebensunterhalt.

11	In der Synagoge lernte Paulus die hebräische Bibel kennen. Hier hörte er auch, daß es nur einen Gott gibt und nicht, wie die Griechen glaubten, viele.

14	Gamaliel galt als berühmter Gesetzeslehrer. Vermutlich schloß sich Paulus dem Schülerkreis des Rabbi an.

15/16	In Jerusalem absolvierte Paulus seine Ausbildung. Hier lebten auch Verwandte von ihm.

17	Paulus studierte die Tora und befolgte streng ihre Weisungen.

19	Apostel bedeutet Gesandter.

20 Die Briefe sind »Selbstzeugnisse« des Paulus. In ihnen haben wir die zuverlässigsten Schilderungen seines Lebens.

21 In der Apostelgeschichte von Lukas erfahren wir viel über das Leben des Paulus.

23 In seinen umfangreichen Reden vor Juden und Heiden entfaltet Paulus die Grundwahrheiten der christlichen Botschaft.

24 Im Philipperbrief schreibt Paulus (Phil 3,5): »Ich wurde am achten Tag beschnitten, bin aus dem Volk Israel, vom Stamm Benjamin, ein Hebräer von Hebräern, lebte als Pharisäer nach dem Gesetz, verfolgte voll Eifer die Kirche und war untadelig in der Gerechtigkeit, wie sie das Gesetz vorschreibt.«

Pharisäer waren angesehene Männer, die aus den verschiedensten Berufen kamen. Sie lebten so, wie es die Bibel vorschreibt und wie es die Propheten gefordert hatten. Dazu gehörte z.B. die Beachtung des Sabbats, keine Berührung mit Heiden.

Fühlübung (Gutes tun) 1B

Material: keines

Durchführung: Der Gruppenleiter kann mit den folgenden Worten in die Übung einführen: »Vieles tut uns gut, z.B. wenn wir in den Arm genommen werden, wenn wir gelobt werden, wenn uns etwas besonders gut gelungen ist. Das Streicheln eines anderen Menschen, seine Berührung, kann uns auch gut tun, wenn der andere zart mit uns umgeht.« Jeder Teilnehmer soll sich dann eine Berührung, ein zartes Gefühl ausdenken, das er im Sitzkreis an die anderen weitergeben könnte. Einer beginnt damit, seine Berührung an den Sitznachbarn weiterzugeben, dieser gibt sie wiederum an seinen Sitznachbarn weiter.

Ein Gespräch über die Gefühle während dieser taktilen Übung kann sich anschließen.

Bilder ausschneiden (Angst) 1B

Material: Illustrierte, Klebstoff, Schere, Tesafilm

Durchführung: Die Teilnehmer blättern die verschiedenen Zeitschriften durch und suchen Bilder heraus, auf denen man sieht, daß jemand Angst hat. Die Bilder werden ausgeschnitten und an die Tafel oder Wand geklebt. Danach schaut sich die Gruppe gemeinsam die Bilder an. Wovor haben die Leute Angst? Die Teilnehmer begründen ihre Auswahl oder interpretieren die Wahl der übrigen Teilnehmer. Eventuell fließen in das Gespräch bereits Erfahrungen mit eigenen Ängsten ein.

Malen (Kirche) 1B

Material: Papier, Buntstifte

Durchführung: Die Teilnehmer erhalten den Auftrag, innerhalb eines vorher festgelegten Zeitraumes ein Bild von ihrer Gemeinde, ihrem Dorf, ihrer Stadt zu malen. Die Bilder werden nebeneinander an der Wand aufgehängt und betrachtet. Welche Elemente finden sich auf den meisten Bildern wieder? Welche Gebäude sind auf (fast) allen Bildern zu sehen? Vermutlich haben sehr viele, wenn nicht sogar alle, eine Kirche auf ihr Bild gemalt. Hier knüpft dann das Gespräch an. Warum ist die Kirche für uns ein zentrales Gebäude der Stadt? Woran erkennt man auf den Bildern, daß es sich um eine Kirche handelt? Wo ist die Kirche in der Regel auf den Zeichnungen plaziert? usw.

Suchspiel (Das verlorene Schaf) 1B

Material: pro Teilnehmer ein Papierschaf

Durchführung: Bevor die Teilnehmer in den Gruppenraum kommen, hat der Gruppenleiter darin für jeden Teilnehmer ein Papierschaf versteckt. Die Teilnehmer werden aufgefordert, jeweils ein Schaf zu suchen. Bei erfolgreicher Suche darf sich der Betreffende mit »seinem« Schaf auf seinen Platz setzen, während die anderen weitersuchen. Die Zuschauer sollen aber das weitere Suchen der übrigen genau beobachten und auf deren Worte achten.

Anschließend wird in der Gruppe besprochen: Wie habe ich mich bei der Suche gefühlt? Wie ging es mir, als ich mein Schaf gefunden hatte? Wie ging es mir, als ich das Schaf nirgends finden konnte? Welche Äußerungen haben die Suchenden gemacht? usw.

Variante 1: Die Teilnehmer versuchen, sich in ein Schaf einzufühlen: Wie ist mir zumute, wenn ich ohne die Herde bin?

Hinweis: Durch dieses Spiel wird ein Teil der anschließend zu behandelnden Geschichte vorweggenommen. Durch die eigenen Erfahrungen gelingt es besser, sich in die Person des Hirten hineinzuversetzen.

Es geht nicht um eine romantische Darstellung des Schäferberufes; statt dessen sollen die Mühen und Plagen seiner alltäglichen Fürsorge für die Schafe deutlich werden. Erst wenn man sich einmal in das Leben eines Schafhirten hineinversetzt und erkannt hat, wie fürsorglich und treu ein Hirte seinen Tieren gegenüber handelt, kann man verstehen, daß vom Bild des guten Hirten wichtige Glaubensaussagen über Jesus Christus abgeleitet werden können.

Anschließend erzählt der Gruppenleiter die Geschichte. Die gefundenen Papierschafe können mit Watte (oder Schafwolle) beklebt und auf einen grünen Tonkarton geklebt werden. Der Hirte wird aufgemalt. Nach der Fertigstellung sollte die Collage noch einmal auf die biblische Geschichte als Ausgangspunkt zurückbezogen und mit dieser verglichen werden.

Würfelspiel (Weihnachten) 1B

Material: selbst hergestellter Spielplan, Würfel, selbst hergestellte Ereigniskarten in zwei Farben, Spielfiguren

Durchführung: Jeder Teilnehmer überlegt sich drei Situationen, die für ihn in Bezug auf Weihnachten positiv sind und schreibt diese auf die Ereigniskarten einer Farbe. Er bewertet die Situationen auch selbst, d.h. er schreibt z. B.: »Gehe drei Felder vor.« Auf die andersfarbigen Ereigniskarten schreibt er drei Dinge, die er bei Weihnachten als negativ empfindet und bewertet diese Situationen ebenfalls. Entsprechend der Farben der Ereigniskarten sind im Spielplan farbige Felder markiert. Kommt man auf ein solches Feld, muß man eine Ereigniskarte ziehen und ausführen.

Vor oder nach Durchführung des Spiels sollten sich die Teilnehmer über ihre unterschiedlichen Weihnachtserfahrungen austauschen.

Hinweis: Würfelspiele lassen sich zu den unterschiedlichsten Themenbereichen mit Quiz- und Ereigniskarten selbst herstellen und zahlreich variieren.

Musik und Bild (Sturmstillung) 1B

Material: Meditationsmusik, Musik mit Wellengeräuschen, 1. Bild: ruhiges Meer in idyllischer Landschaft, 2. Bild: stürmisches Meer mit Boot, das auf den Wellen schaukelt, Tafel, Kreide, Tesafilm

Durchführung: Der Gruppenleiter läßt leise Meditationsmusik laufen und heftet das erste Bild an die linke Tafelseite. Die Teilnehmer äußern sich dazu. Der Gruppenleiter schreibt die Äußerungen um das Bild herum an die Tafel. Dann klappt er die linke Tafelhälfte wieder zu und die rechte Seite auf, an der das zweite Bild hängt. Im Hintergrund läßt er nun Musik mit Wellengeräuschen laufen. Die Äußerungen der Teilnehmer werden ebenfalls zum Bild geschrieben. Der Gruppenleiter leitet mit dem Hinweis, daß sich die Jünger Jesu vor vielen Jahren auf dem See Genezareth genau in dieser Situation befanden, zum eigentlichen Thema über. Er erzählt den ersten Teil der Sturmstillung nach Mk 4,35-37.

Hinweis: Zur Weiterführung wird auf die Gefühle der Jünger in diesem Moment eingegangen. Wann fühlen wir uns wie in einem Boot auf stürmischer See?

Kreispuzzle (Wir feiern ein Fest) 1B

Material: vorbereitete Kreissegmente aus Pappe

Durchführung: Die Teilnehmer überlegen sich zunächst Anlässe, zu denen Feste gefeiert werden. Danach überlegen sie, was man alles benötigt, um ein schönes Fest zu feiern. Dazu liegen Kreissegmente in der Mitte, auf denen Bilder und Worte Dinge kennzeichnen, die zu einem Fest gehören könnten. Die Teilnehmer überlegen, was sie mit diesen Teilen machen könnten. Doch wenn sie die Teile zu einem Puzzle zusammenlegen, werden sie merken, daß einige Teile übrigbleiben. Es sollen also nicht einfach nur alle Teile zu einem Kreis zusammengelegt werden, sondern nur die Teile, die für die Gruppe zu ihrem geplanten Fest gehören, damit es eine »runde Sache« wird. Je nach Gruppe und je nach Festsituation und -anlaß können die Kreispuzzle ganz unterschiedlich ausfallen. Zusätzlich zu den bemalten und beschriebenen Kreissegmenten gibt es auch Blanko-Karten. Diese füllen entweder den Festkreis blanko auf, wenn dem Puzzle noch Teile fehlen, weil manche Dinge für die Teilnehmer nicht zu »ihrem« Fest gehören. Vielleicht wünschen sich die Teilnehmer für ihr Fest noch Dinge, an die der Gruppenleiter während der Vorbereitung der Karten nicht gedacht hat. Solche Dinge können dann von den Teilnehmern auf die Blanko-Karten geschrieben und gemalt und ins Puzzle eingefügt werden.

Bei der Puzzle-Phase, in der sich die Teilnehmer ein Teil holen, sollen sie auch begründen, warum dieses Teil für sie ein Festelement darstellt. Bereits hier kann es zu kleineren Diskussionen kommen.

Im Anschluß daran kann sich die Gruppe entsprechend der Anzahl der Kreissegmente in Kleingruppen aufteilen, die konkret mit der Festvorbereitung beginnen.

Folgende Kreissegmente könnten z.B. vorbereitet sein: Raumschmuck, Trinken, Essen, Tisch decken, Blumen, Kerzen, Einladung, Musik usw.

Rundgespräch (Kerze/Weihnachten/Licht) 1B

Material: dicke Stumpenkerze, Streichholz

Durchführung: Eine Kerze wird im Kreis herumgegeben. Wer die Kerze in der Hand hält, erzählt etwas über die Kerze in der Ichform, z.B.: »Mein Licht ist warm und hell.« »Die Flamme verzehrt mich.«

Hinweis: Diese Übung kann genausogut mit anderen Gegenständen, die man zum Sprechen bringen möchte, durchgeführt werden. So könnte z.B. ein kleines Weizenkorn sprechen: »Ich bin hart. Ich liege in der dunklen Erde.«

2B: Erarbeiten

Malen (Bedrohte Schöpfung) 2B

Material: verschiedene Malutensilien, Papier

Durchführung: Die Teilnehmer sollen erkennen, daß die (Schönheit der) Schöpfung durch uns Menschen bedroht ist. Sie versetzen sich in die Rolle von Pflanzen und Tieren. Einerseits denken sie über die Freude über ihr Geschaffensein nach, andererseits über die Bedrohung, die für sie vom Menschen ausgeht.

Das vorbereitete Papier wird in der Mitte gefaltet. Auf die eine Hälfte wird der Dank gemalt, auf die andere Seite die Ängste.

Variante: Die Teilnehmer verfassen kleinere Sprechtexte der Pflanzen und Tiere, in denen Freude und Ängste zum Ausdruck gebracht werden. Ein Lesen mit verteilten Rollen lockert den Vortrag auf.

Textbeispiel: Butterblume
Die meisten von euch kennen mich, weil ich durch mein leuchtendes Gelb immer wieder auffalle. Inmitten von anderen Blumen und Gräsern stehe ich auf der Wiese oder am Waldrand und strecke mein Köpfchen den ersten Sonnenstrahlen entgegen. Ich beobachte die Wolken, die am Himmel vorüberziehen, und danke dem Regen und dem Boden, daß sie mich nähren. Ich danke Gott, daß ich bin. Besondere Freude macht es mir, wenn ich mit meinem Duft und meinem Aussehen Spaziergänger erfreuen kann.

Aber gerade unter den Menschen gibt es oft recht unüberlegte Exemplare. Sie reißen uns einfach aus der Erde mitsamt den Wurzeln, damit wir für kurze Zeit in einer Vase stehen sollen. Wir wollen aber da bleiben, wo wir hingehören, um wachsen und gedeihen zu können, um auch andere zu erfreuen.

Hinweis: Es empfiehlt sich, vor dem Malen nochmals daran zu erinnern, welche Aussagefähigkeit Farben haben.

Partnersuchspiel (Arche) 2B

Material: jeweils zwei Bild- oder Wortkärtchen von einem Tier

Durchführung: Mit Stühlen wird der Eingang zur Arche markiert. Danach verteilt der Gruppenleiter an jeden eine Wort- oder Bildkarte. Jeder Teilnehmer zieht nun eine der vorbereiteten Karten und wird zu dem bezeichneten Tier auf der Karte. Die Karten sammelt der Leiter wieder ein. Auf ein gemeinsames Zeichen hin beginnen die Teilnehmer, die Stimme ihres Tieres nachzumachen. Auf diese Weise soll jedes Tier einen Partner finden, der die gleichen Geräusche beim Tierstimmenkonzert macht. Paarweise gehen die Tiere dann in die Arche und lassen sich dort nieder, bis alle Pärchen in der Arche sind.

Variante: Zusätzlich zu den Tierstimmen machen die Teilnehmer auch die Gangart oder andere Bewegungen der Tiere nach.

Fries malen (Jona) 2B

Material: pro Teilnehmer einen Plakatkarton in DIN-A2-Format, Fingerfarben

Durchführung: Der Gruppenleiter erzählt die Geschicht von Jona oder spielt sie der Gruppe als Hörspiel vor. Danach wählt jeder Teilnehmer – ohne Absprache – eine Situation der Geschichte, die ihn angesprochen hat. Diese Szene malt jeder mit Fingerfarben. Anschließend legen alle ihre Bilder in die Mitte. Der Künstler schweigt jeweils zu seinem Bild; die anderen sagen, was sie sehen. Erst danach kann der Maler etwas zu seiner Darstellung sagen. Zum Abschluß werden die Bilder in eine Reihenfolge gebracht und als Wandfries aufgehängt.

Dynamisches Sprechen/Schreiben (biblische Sätze) 2B

Material: Kassettenrecorder, Kassette, Papier, Stifte

Durchführung: Die Bibel enthält zahlreiche Sätze, in denen Menschen aufgerufen werden, etwas zu tun. Durch Sprech- und Schreibübungen sollen die Teilnehmer die Dynamik dieser Aussagen erfahren. Beispiel: Der Herr sagt zu Mose: Führ dieses Volk hinauf! (Ex 33,12) Die Teilnehmer sprechen diesen Satz einzeln, als Chor, in einer Gruppe, in unterschiedlichen Stimmlagen auf Kassette. Durch unterschiedliche Akzentuierungen und Betonungen erhält der Satz jeweils einen anderen Charakter. Eine Schreibübung schließt sich an, bei der die Teilnehmer den gleichen Satz durch mehrmaliges Schreiben gestalten sollen, um die Dynamik nachzuspüren, die in ihm steckt. Die unterschiedlichen Gestaltungsmöglichkeiten werden vorgestellt und besprochen.

Gebet/Collage (Unser tägliches Brot) 2B

Material: Zeitschriften, Klebstoff, Papier, Stifte

Durchführung: Gott ist ein guter Vater. Er schenkt uns alles, was wir zum Leben brauchen. Die Teilnehmer fertigen eine Collage an zum Thema »Das brauchen wir zum Leben«, oder sie bringen Dinge, die wir zum Leben brauchen, mit.

Brot meint nicht nur, daß alle Menschen satt werden sollen. Brot meint auch alle Dinge, die wir dringend zum Leben brauchen, aber nicht kaufen können wie z. B. Liebe, Verständnis. Die Teilnehmer überlegen sich, was »Brot« bedeuten kann, und schreiben in Einzel- oder Gruppenarbeit ein Brotrezept auf, das sie einander vorlesen. Welche Zutaten haben die einzelnen verwendet?

Beispiel: Man nehme: 100 g Liebe, 1/2 Teelöffel Zuversicht, 1 Päckchen Hoffnung, 1 Prise Glauben, Verständnis und Geduld zum Würzen.

Zunächst siebt man die Liebe in eine große Schüssel und rückt eine Vertiefung hinein. In diese Vertiefung gibt man die Zuversicht und mischt dann alles mit Hoffnung usw.

Material: Bibel, Papier, Stifte

Durchführung: Bei dieser Übung geht es darum, Texte zu übersetzen: Damals war das so – heute sagen wir das so. Dadurch sollen Aussagen und Inhalte transparenter und verständlicher werden. Am Beispiel von Exodus 20, 1-17 kann dies gezeigt werden. Die Kleingruppe wählt eines der 10 Gebote aus. Das Gebot wird in einzelne Fragmente zerlegt, von denen jedes auf ein Blatt Papier geschrieben wird. Anschließend schreibt jeder auf, was dieses Fragment für ihn heute heißt, wie er es übersetzen könnte. Aus dieser Stoffsammlung wird dann später gemeinsam ein Text geschrieben, der das Gebot näher erläutert und sprachlich aktualisiert. Beispiel:

DU – Ich, Mädchen, Junge, Sohn, Tochter, Enkel, Enkelin, Du, Wir alle
SOLLST – seht es nicht als Aufgabe, sondern als inneren Wunsch an
    VATER UND MUTTER – Mutter und Vater, Oma und Opa, Erzieher, Betreuer, Freunde, Kollegen, Menschen, bei denen ihr euch geborgen fühlt, denen ihr vertraut, die euch zuhören, zu denen ihr jederzeit kommen könnt, Menschen, die Freud und Leid mit euch teilen;
    EHREN – achten, liebhaben, sich ihrer nicht schämen, sie verstehen und nicht als Geldgeber ausnutzen, sich ihrer freuen und dankbar sein, ihnen im Alter Geborgenheit und Hilfe geben;
    AUF DASS DU LANGE LEBEST – und die erfahrenen Werte weitergibst IN DEM LANDE, DAS DIR DER HERR, DEIN GOTT, GEBEN WIRD! – dort, wo ihr Freunde habt, wo ihr euch wohlfühlt, überall dort, wo ihr Heimat findet und zu Hause seid.

Darstellung (Freundschaft zwischen Jesus und Petrus) 2B

Material: Papier, Buntstifte

Durchführung: Der Gruppenleiter erzählt die Geschichte von der Freundschaft zwischen Jesus und Petrus nach Lk 22,54-61. Die Teilnehmer spielen die Geschichte nach. Ungefähr vier Teilnehmer erhalten ein Blatt im DIN A2-Format und malen gemeinsam ein Freundschaftsbild von Jesus und Petrus. Die Gruppen stellen einander ihre Bilder vor und erklären sie. Symbolisch werden dann die Bilder einmal in der Mitte durchgerissen. Pantomimisch versuchen jeweils zwei Teilnehmer die folgenden Situationen darzustellen: zusammengehören, sich abwenden, sich versöhnen. Anschließend erfolgt ein Gespräch über Schwierigkeiten in Freundschaften.

Lebensstraße (Lebensweg) 2B

Material: Papier, Stifte, Klebstoff, Fotos

Durchführung: Jeder Teilnehmer bringt ein Foto von sich mit. Die Fotos werden in die Mitte gelegt. Gemeinsam versucht die Gruppe, die Fotos den Teilnehmern zuzuordnen. Anschließend stellt sich jeder mit seinem Foto noch einmal vor. Das kann gerade, wenn es sich um ältere Fotos oder gar Babyfotos handelt, sehr lustig und spannend sein. Die Gruppe überlegt Stationen auf dem Lebensweg eines Menschen, die für jeden einzelnen bedeutend sein können, z.B. Geburt, Taufe, Kindergartenbesuch, erster Schultag, Schulabschluß usw. Die Teilnehmer falten aus einem langen Tonpapierstreifen ein Leporello. Für jede Lebensstation wird in dieses Leporello ein Foto geklebt, ein Bild gemalt oder etwas geschrieben, z.B. der Taufspruch. Freie Felder laden ein, dieses »Lebenslauf-Leporello« zu ergänzen. Alternativ dazu malt jeder Teilnehmer auf eine große Tapetenbahn eine Straße, seine Lebensstraße, in die er einzelne wichtige Stationen einzeichnet.

Variante 1: Die Teilnehmer laufen mit Kleisterfarbe an den Füßen ihren Lebensweg auf einer Tapete und tragen wichtige Ereignisse in die Lebensstraße ein. Welche Spuren habe ich bisher hinterlassen?

Variante 2: Die Teilnehmer vergleichen ihren Lebensweg mit dem der übrigen Gruppenmitglieder. Sie vergleichen den eigenen Lebensweg mit dem bekannter Personen.

Gemeinschaftsbild (Jesus ruft Menschen zu sich) 2B

Material: Papier, Buntstifte, Klebstoff, Scheren, evtl. Jesusbild und Fotos der Gruppenmitglieder

Durchführung: Die Gruppenmitglieder hören, wie Jesus Menschen zu sich ruft (Mk 1,16-18 oder Mk 2,13-17). Danach hören sie Mt 11,28: Jesus sagt: »Kommt alle zu mir.« Zu diesem Ausspruch gestaltet die Gruppe ein Gemeinschaftsbild. Auf einen großen Plakatkarton wird in die Mitte ein Jesusbild geklebt. Um dieses Bild herum kleben die Teilnehmer Fotos von sich. Oder die Teilnehmer malen ein Bild von Jesus, das in die Mitte geklebt wird und kleben darum Selbstportraits von sich. Anschließend übernimmt der Gruppenleiter oder ein Gruppenmitglied die Rolle Jesu. Er spricht jedes Mitglied persönlich an: »Hans, ich will dein Freund sein, Ute, ich will dein Freund sein...« Ein Gespräch darüber, wie Freunde sich verhalten (sollten), bildet den Abschluß.

Variante 1: Die Gruppe betrachtet Bilder, auf denen Jesus mit seinen Freunden dargestellt ist.

Variante 2: Die Gruppe lernt Freunde Jesu kennen, z. B. Maria und Marta, Lk 10,38-42.

Variante 3: Die Gruppe bereitet sich auf Besuch vor; sie empfängt jemanden in der nächsten Gruppenstunde und bewirtet ihn.

Problemlösung 2B

Material: drei freie Stühle

Durchführung: Zu einem aktuellen Thema oder einer Fragestellung ist ein Problem aufgetaucht, oder ein Teilnehmer berichtet von einer für ihn persönlich schwierigen Situation. Derjenige, der seine Schwierigkeit darstellt, setzt sich auf den mittleren Stuhl. Nun haben zwei Gruppenmitglieder die Möglichkeit, dem Betroffenen ihre Hilfe anzubieten. Dieser überlegt, welches Hilfsangebot er akzeptieren könnte und verläßt mit diesem Partner die Stuhlreihe. Der zweite Partner, der ebenfalls seine Hilfe angeboten hatte, rückt nun auf den mittleren Stuhl und berichtet seinerseits von einem Problem.

Am Ende sollte ein Austausch darüber stehen, wie es den Beteiligten mit den Hilfestellungen ging, wo sie sich andere Formen der Hilfe erwünscht hätten bzw. wo sie sich noch mit ihrer Fragestellung alleingelassen fühlen.

Früchte der Arbeit (Dank/Erntedank) 2B

Material: Papier, in Obstform geschnitten, Stifte, Plakat mit Baumzeichnung

Durchführung: Ausgangspunkt ist die vielgehörte These, Erntedank sei in der Stadt überflüssig, da hier niemand mehr Früchte und Gemüse erntet. Nach einer Phase der freien Meinungsäußerung wird der Arbeitsauftrag für die Kleingruppenarbeit formuliert: »In der Stadt sehen die »Früchte der Arbeit« anders aus als Tomaten und Kartoffel. Die Teilnehmer überlegen sich, welche Früchte ihre oder die Arbeit von anderen bringt und notieren das auf die vorbereiteten Früchte. Abschließend tragen die einzelnen Gruppen ihre Ergebnisse, die »Früchte ihrer Arbeit«, vor und heften sie an die Baumzeichnung.

Bandspiel (Abendmahl) 2B

Material: Abendmahlsdarstellung, dickes Stoffband, evtl. Stoffmalstifte

Durchführung: Die Gruppe schaut ein Bild an, auf dem dargestellt ist, wie Jesus mit seinen Freunden Abendmahl feiert. Die Teilnehmer lesen gemeinsam Mk 14,12-25. Sie stellen sich im Kreis auf. Der Gruppenleiter gibt den Anfang eines Stoffbandes an seinen linken Nachbarn weiter, der ein Stück des Bandes festhält, den Anfang aber an seinen Nachbarn zur Linken weiterreicht. Wenn ein Stück des Bandes weitergegeben wird, spricht die Gruppe zusammen die Worte: »Denkt an mich und haltet zusammen.« Wurde das Band in der Runde herumgereicht, werden Anfang und Ende verknotet. Das Band ist Symbol für die Gemeinschaft, die Jesus in der Feier des Abendmahls mit seinen Jüngern hielt. Es ist Zeichen für die Gemeinschaft, die alle bei der Feier des Abendmahls miteinander halten.

Variante: Bevor das Band herumgegeben wird, schreibt jedes Gruppenmitglied mit einem Stoffmalstift seinen Namen auf das Band oder malt ein Bild von sich auf.

Textpuzzle (Gebete/Psalmen) 2B

Material: Gebets- oder Psalmtext, Stifte, Papier, Plakatkarton

Durchführung: Nachdem die Teilnehmer sich mit einem Gebet, einem Psalm oder einem anderen Text auseinandergesetzt haben, wird dieser in einzelne Sätze bzw. Abschnitte gegliedert. Auf ein großes Plakat werden dann die einzelnen Abschnitte mit großen Zwischenräumen geschrieben. Im folgenden geht es darum, persönliche Gedanken und Ideen mit dem vertrauten Text, Gebet oder Psalm zu verknüpfen. Durch diese Art der Texterschließung können alte, uns nichts mehr sagende Texte, aufgeschlossen und damit besser verstanden werden.
Die Teilnehmer erhalten Papierstreifen mit Satzanfängen, die von ihnen zu ergänzen sind, z.B.:

»Ich sage danke für...«, » Ich habe Angst...«, » Ich freue mich....«, »Ich hoffe auf...«, ich glaube...«

Anschließend ordnet jeder seine Satzergänzungen einem Abschnitt des ursprünglichen Textes zu. Nachdem die Papierstreifen dann aufgeklebt wurden, wird die entstandene Textcollage im Wechsel vorgelesen. Ein Teilnehmer beginnt den alten Text zu lesen, ein weiterer übernimmt die hinzugefügten Ergänzungen.

Hinweis: Diese Methode der Textarbeit kann einen alten Text erneut zum Sprechen bringen und zu neuem Verstehen führen. Nichtssagende Texte können zu vielsagenden Texten werden, da persönliches Gedankengut in ihnen mit aufgenommen wurde. Die Ergebnisse eines solchen Textpuzzles eignen sich vor allem zur Verwendung in Gottesdiensten.

Beispiel:

Herr,
ich stehe vor dir.
Von dir komme ich,
du hast mich geschaffen.
Ich bete dich an.

Ich habe Vertrauen in meine Mitmenschen.
Ich wünsche mir, daß alle Menschen im Miteinander
eine gemeinsame Sprache finden und einander verstehen lernen.
Ich hoffe auf Toleranz und Offenheit und Achtsamkeit.

Ich will leben,
um deine Sendung zu erfüllen.
Durchdringe mich
mit deiner Gnade.

Ich bin so froh, daß mir dieses Leben geschenkt wurde.
Noch viele Wünsche sind offen.
Viele schöne Erinnerungen bewahre ich in mir.

Du hast mich geschaffen,
schaffe mich neu.
Rufe meine Kräfte
zu deinem Dienste.

Manchmal habe ich entsetzliche Angst,
ohne den Grund genauer benennen zu können.
Dann fühle ich mich allein.
Oft bin ich traurig und mutlos.

Was ich heute tue,
laß gut werden.

Viele reden von Zukunftsangst.
Ich bin neugierig auf das Morgen.

Gib,
daß dieser Tag dir wohlgefalle,
auf daß du heute abend
sprechen könntest,
wie am Abend deiner Schöpfung:
Es ist gut.

Ich wünsche mir das, was die wenigsten haben: Zeit.
Ich möchte Vertrauen in mich selbst haben können.
Ich sorge mich um mich und dich.
Meine Hoffnungen reichen für uns alle.
Ob mein Traum sich erfüllt?

Romano Guardini

Ich schlüpfe in die Rolle von (biblische Gestalten) 2B

Material: Namenskärtchen

Durchführung: Je nach Auswahl der biblischen oder aktuellen Geschichte bereitet der Gruppenleiter Kärtchen mit den Namen aller in der Erzählung beteiligten Personen vor. Die Kärtchen werden an die Teilnehmer verteilt. Anschließend wird die Geschichte vom Gruppenleiter erzählt. Jedesmal, wenn der Name einer Person genannt wird, steht derjenige kurz auf, der den betreffenden Namen auf seinem Kärtchen stehen hat.
   Am Ende der Erzählung soll jeder die Geschichte nochmals aus der Perspektive »seiner« Person nacherzählen.

Variante: Entsprechend der dargestellten Situation werden die Namenskärtchen so abgelegt, daß Beziehungen der Personen deutlich werden.

Gestaltung (Ostern/Kreuz/Hoffnung) 2B

Material: knospende Äste, Bindfaden oder Schnur, Vase

Durchführung: Zwei ungefähr gleichlange knospende Äste werden mit einer Schnur zu einem Kreuz zusammengebunden. Die Teilnehmer tauschen sich über das Kreuzsymbol aus. Was bedeutet das Kreuz für uns Christen? Vor allem Paulus hat das Kreuz und die Auferstehung in seinen Briefen immer wieder in das Zentrum des christlichen Glaubens gestellt. Ebenso erinnert das Kreuz daran, daß Jesus für uns am Kreuz gestorben ist und die Sünden und das Leid aller auf sich genommen hat. So ist das Kreuz Symbol für recht unterschiedliche Dinge. Es steht für Leben und göttliche Kraft ebenso wie für Tod und Leid. Als Zeichen des Lebens und des Sieges werden daher Kreuze in der christlichen Kunst häufig mit Edelsteinen oder Perlen geschmückt oder mit Blättern und Blüten versehen als »Lebensbaum« dargestellt. Das aus Ästen gestaltete Kreuz kann den Osterglauben visualisieren und eine Art »Lebensbaum« darstellen, wenn es in eine Vase mit Wasser gestellt wird und zu Ostern blüht.

Variante 1: Wir fragen nach den unterschiedlichen Formen und Bedeutungen des Kreuzes in unserem Leben, z.B. das Kreuz als Symbol für Gottes Nähe zu den Menschen, die Entscheidung für einen Weg, Jesu Leben und Sterben, Tod und Leben, Hoffnung, die Erinnerung an Jesus, den Wunsch nach der Nähe Gottes.

Variante 2: Wir überlegen, wo wir Kreuze in unserer Umwelt finden, z.B. Fensterkreuz, Wegkreuzung, Balkenkreuz, Autobahnkreuz, Rotes Kreuz etc.

Variante 3: Wir heben zwei Äste vom Weihnachtsbaum auf und binden aus diesen zu Ostern ein Kreuz. Wir denken über den Zusammenhang von Ostern und Weihnachten nach. Warum kann Weihnachten nur auf dem Hintergrund von Ostern richtig verstanden werden?

Listen (Wunder) 2B

Material: Bibel

Durchführung: In der Bibel wird von zahlreichen Wundern berichtet, die Jesus tat. Die Teilnehmer listen alle ihnen bekannten Wunderberichte auf. Anschließend wird die Sammlung geordnet: Totenerweckungen, Krankenheilungen, wundersame Veränderungen.

Variante: Von welchen »Wundern« berichten heute die Zeitungen und Medien? Für welche »Wunder« gibt es Erklärungen?

Material: ein alter Schuhkarton, verschiedene Naturmaterialien, Schere, Stoffrest, Klebstoff

Durchführung: Aus dem Schuhkarton wird an der Frontseite ein Loch herausgeschnitten, das so groß ist, daß man mit der Hand hinein greifen kann. Um das Hineinsehen zu verhindern, wird über der Öffnung von innen ein Stoffrest angeklebt. Der Karton wird mit verschiedenen Naturmaterialien, z. B. Federn, Schneckenhäusern, Steinen, Holzstücken, Blättern gefüllt. Die Teilnehmer greifen nun nacheinander in den Fühlkasten und versuchen, möglichst viele Gegenstände zu erfühlen.

Variante 1: Die Teilnehmer erfühlen nacheinander die Gegenstände im Fühlkasten und benennen sie. Wer hat am meisten richtig erkannt?

Variante 2: Der Gruppenleiter benennt ein Material aus dem Fühlkarton. Die Teilnehmer müssen es erfühlen und herausnehmen.

Variante 3: Die Gruppe macht einen Waldspaziergang. Jeder Teilnehmer bekommt den Auftrag, etwas Schönes, etwas Weiches, etwas Rundes, etwas Hartes, etwas Langes, etwas Blühendes, etwas Grünes, etwas Seltenes mit in die Gruppenstunde zu bringen. Die gesammelten Materialien werden in dem Fühlkasten von den übrigen Teilnehmern erfühlt und erraten.

Variante 4: Jeder Teilnehmer legt sich einen kleinen Schatzkasten an. Dafür sammelt er die verschiedensten Naturmaterialien und legt sie in sein Schatzkästlein (Schuhkartons mit Deckel). In der Gruppe stellt man einander seine Schätze vor. Die Kästchen können mit Schafwolle beklebt, mit Moos ausgelegt, mit Bast zugebunden werden.

Band (Frieden) 2B

Material: breites Stoffband, Stoffmalstifte

Durchführung: In der Gruppe wird besprochen, was jeder einzelne und die Gruppe gemeinsam zum »Frieden« beitragen kann. Anschließend malen oder schreiben wir unseren Beitrag zum Frieden auf das Band oder schreiben unsere Namen dazu oder malen unsere Gesichter auf das Band. Wir lesen das 4. Kapitel im Epheserbrief.

Tabelle (Schöpfung) 2B

Material: Bibeln, zwei Plakate, Stifte

Durchführung: Der Gruppenleiter schreibt auf ein Plakat untereinander die Begriffe Himmelsgewölbe, Gestirne, Meer, Luftraum und Erde; auf ein weiteres Plakat schreibt er die Begriffe Pflanzen, Wassertiere, Vögel, Landtiere, Menschen untereinander auf. Die Gruppe vergleicht die beiden Plakate miteinander. Es wird herausgearbeitet, daß es um die belebte und unbelebte Schöpfung geht. Die Plakate erhalten die Überschriften »Erschaffung der Lebensräume« und »Erschaffung der Lebewesen«. Die Teilnehmer tragen mit Hilfe der Bibeln zu jedem Begriff die entsprechende Verszahl ein. Sie vergleichen die beiden Plakate miteinander und tauschen sich über ihre Beobachtungen aus.

Texte bearbeiten 2B

Material: Textvorlage, Papier, Stifte

Durchführung: Allein oder in einer Kleingruppe soll ein Text intensiver bearbeitet werden. Die Teilnehmer unterstreichen die Worte oder Wortgruppen, die ihrer Meinung nach Kernbegriffe darstellen oder den Sinn des Textes wiedergeben. Diese Kernwörter werden dann herausgeschrieben. Sie bilden das Textmaterial für eine neue Textproduktion, mit Hilfe derer die Aussage des Textes verdeutlicht bzw. unterstrichen werden soll. Die neuentstandenen Texte werden in der Gruppe vorgetragen.

Mobile (Wir sind ein Leib) 2B

Material: dünne Stäbchen aus Balsaholz, farbiges Tonpapier, Bindfaden, Schablonen für eine Gliederpuppe (Kopf, Bauch, Ober- und Unterarme, Ober- und Unterschenkel separat) Bleistifte, Scheren, Bibeltext

Durchführung: Jeder Teilnehmer fertigt sich mit Hilfe der Schablonen aus Tonpapier eine Figur an. Gemeinsam wird 1.Kor 12,26 gelesen. Anschließend gestalten die Teilnehmer ein Mobile, das den Leib mit vielen Gliedern symbolisieren soll. Sowohl bei der Herstellung als auch später beim Anschauen kann das Mobile die Aussagen des Gleichnisses von der Gemeinde als einem Leib mit vielen Gliedern verdeutlichen.

Wortcollage (Turmbau zu Babel) 2B

Material: Bibel, Klebstoff, Plakatkarton

Durchführung: Der Text vom Turmbau zu Babel wird mit Hilfe des Kopiergeräts vergrößert. Danach schneiden die Teilnehmer einzelne Worte als Bausteine aus dem Text heraus. Mit diesen »Bausteinen« wird in Gruppenarbeit ein Turm geklebt.

Variante 1: Wir bauen einen einfallenden Turm. Was bringt einen Turm zum Fallen? Welche Worte wählen wir dazu aus?

Variante 2: Was hält einen Turm zusammen? Welche Worte wähle ich dafür? Wir kleben einen »heilen« Turm.

Kalender (Ostern) 2B

Material: Jahreskalender, Papier, Stifte, Lexika, Nachschlagewerke

Durchführung: Die Gruppe wird in vier Kleingruppen aufgeteilt. Jede Gruppe erhält den Auftrag, mit Hilfe eines Jahreskalenders wichtige Tage um Ostern im Kalender zu suchen (Palmsonntag, Gründonnerstag, Karfreitag, Ostersonntag). Jeder Gruppe wird nun einer dieser Tage zugeteilt. Sie sollen »ihren« Tag durch ein Bild darstellen und Besonderheiten und Akzente dieses Tages herausarbeiten. Die Ergebnisse stellen die Gruppen einander vor und erzählen die zu »ihrem« Tag gehörende biblische Geschichte.

Erleuchten (Licht/Kerzen/Weihnachten) 2B

Material: dicke Stumpenkerze, Streichholz

Durchführung: Die Teilnehmer stellen mit ihren Stühlen einen Sitzkreis, bei dem die Stuhllehnen in die Kreismitte zeigen. Alle Teilnehmer schließen die Augen. Der Gruppenleiter zündet die Kerze an und geht nun leise mit der Kerze im Kreis umher. Dabei bleibt er jeweils kurze Zeit vor einem Teilnehmer stehen und hält ihm die Kerze in die Nähe des Gesichtes. Wer erleuchtet wurde, darf die Augen öffnen.

Hinweis: Bei dieser Übung hat man das Gefühl, das Licht mit geschlossenen Augen sehen zu können.

Standbild (Wir sind ein Leib) 2B

Material: Tesakrepp

Durchführung: Der Gruppenleiter klebt im Beisein der Gruppe mit Tesakrepp groß die Umrisse eines Menschen auf den Boden. Währenddessen raten die Teilnehmer, was wohl das Gesamtbild darstellen könnte. Danach sucht jeder ein Körperteil aus, wo er gerne stehen möchte und begründet seine Entscheidung. Dann beginnt jeder, für sein Körperteil zu sprechen, z. B. »Meine Augen sind mir sehr wichtig. Ohne sie könnte ich nicht sehen, wo ich hingehe.« Alle Teilnehmer nehmen einander – im Leib stehend – an den Händen: Wir brauchen einander.

3B: Erinnern

Geschichten erkennen 3B

Material: Bilder, Kopien oder Gegenstände aus den behandelten Geschichten

Durchführung: Der Gruppenleiter legt Bilder, Kopien, Gegenstände von Geschichten, die in der Gruppe besprochen wurden, in die Kreismitte. Die Teilnehmer betrachten die Bilder zunächst still. Jeder Teilnehmer wählt dann ein Bild/einen Gegenstand aus, zu dem er die Geschichte erzählen möchte. Haben sich zwei oder mehr Teilnehmer für das gleiche Bild entschieden, erzählen sie entweder beide »ihre« Geschichte oder sie ergänzen einander.

Variante: Die Teilnehmer entscheiden sich für ein Bild/einen Gegenstand, ohne diesen jedoch aufzunehmen. Dann erzählt jeder seine Geschichte, während die übrigen Teilnehmer das dazugehörige Bild bzw. den betreffenden Gegenstand finden müssen.

Beispiele:
Kleid – Josefs Kleid
Linsen – Jakob und Esau
Stroh – Geburt Jesu

Personenraten 3B

Material: Informationsmaterial, Papier, Stifte, Tesafilm

Durchführung: Jeder Teilnehmer beschäftigt sich intensiv mit einer (biblischen) Person, in deren Rolle er anschließend schlüpft. Er schreibt den Namen der Person auf ein Blatt Papier, das ihm der Gruppenleiter auf den Rücken klebt. Die übrigen Teilnehmer dürfen ihm Fragen stellen, um herauszufinden, um welche Person es sich handelt. Diese Fragen dürfen allerdings nur mit »Ja« oder »Nein« beantwortet werden. Wurde eine Frage mit »Nein« beantwortet, darf ein anderer Teilnehmer weitere Fragen an die »Person« stellen. Ist die Person erraten, dreht sich der Teilnehmer um und zeigt den Personennamen, der auf seinem Rücken klebt.

Variante 1: Die »Person« gibt maximal drei Hinweise zu ihrem Leben als Einführung.

Variante 2: Das Spiel wird als Wettkampf durchgeführt. Wer die Person erraten hat, bekommt einen Punkt.

Variante 3: Die Gruppe darf maximal zehn mit »Nein« beantwortete Fragen gestellt haben, dann wird der Name der Person preisgegeben, ohne daß ein Punkt vergeben wird.

Variante 4: Der Gruppenleiter bereitet Zettel mit Namen vor, die den Teilnehmern aus einer (biblischen) Geschichte oder Erzählung bekannt sind. Jedem Teilnehmer wird ein Namensschild auf den Rücken geheftet, ohne daß der Betreffende weiß, um welchen Namen es sich handelt. Durch gezielte Fragen an die übrigen Teilnehmer soll nun jeder den Namen erraten, den er auf dem Rücken trägt. Dabei dürfen die gestellten Fragen ebenfalls nur mit »ja« oder »nein« beantwortet werden. Jeder darf solange Fragen stellen, wie mit »ja« geantwortet wird. Wird eine Frage mit »Nein« beantwortet, darf ein anderes Gruppenmitglied damit beginnen, »seinen« Namen zu erraten.

Variante 5: Statt Namen können auch Begriffe aus den behandelten Themen erfragt werden.

Gegenstände erinnern (Gegenstände der Kirche/Exkursion) 3B

Material: Wortkarten

Durchführung: Der Gruppenleiter bereitet Karten vor, auf denen Einrichtungsgegenstände der zuvor besuchten Kirche stehen, z.b. Altarkerze, Kanzel, Kirchenfenster, Orgel usw. Die Teilnehmer werden in 3-4 Kleingruppen aufgeteilt. Jede Gruppe zieht eine Wortkarte. In Gruppenarbeit soll nun alles aufgeschrieben werden, was den Teilnehmern zu diesem Gegenstand einfällt. Die Gruppenergebnisse werden anschließend vorgetragen.

Variante: Die Teilnehmer malen zusätzlich ein Bild von dem betreffenden Gegenstand.

Stichwortpuzzle (biblische Geschichten) 3B

Material: Zu drei behandelten Geschichten werden je fünf Wortkarten vorbereitet.

Durchführung: Die insgesamt 15 Karten werden durcheinander in die Kreismitte gelegt. Ein Teilnehmer beginnt damit, eine Wortkarte herauszunehmen und abzulegen. Ein anderer Teilnehmer soll nun eine Wortkarte ablegen, die zur gleichen Geschichte gehört. So werden die Karten der einzelnen Geschichten geordnet. Gleichzeitig muß erkannt werden, um welche Geschichte es sich handelt.

Variante 1: Die Geschichten werden mit Hilfe der Wortkarten (schriftlich) nacherzählt.

Variante 2: Wer findet die Geschichten in der Bibel?

Variante 3: Zu den Wortkarten werden passende Bilder gezeichnet.

Koffer (Personen raten) 3B

Material: Koffer mit verschiedenen Utensilien aus dem Leben und Wirken der betreffenden Person

Durchführung: Außen auf dem Koffer können Reiseaufkleber angebracht sein mit Namen von Städten, in denen die betreffende Person gelebt oder gewirkt hat. Es wird besprochen, welche Ereignisse wir mit diesen Orten verbinden. Die Städte und Landschaften werden auf der Karte gesucht. Der Koffer wird geöffnet. Jeder schaut zunächst einmal still den Inhalt an. Dann darf ein Teilnehmer etwas aus dem Koffer herausnehmen und erzählen, was ihm in bezug auf die genannte Person zu diesem Gegenstand einfällt. Die anderen Teilnehmer dürfen dann ergänzen.

Inhalt eines Jesus-Koffers könnte z.B. sein: Schiffsmodell, Stroh, Synagogenmodell, Abbildungen von Menschen, Seil, Kreuz, Brot, Netz, Handzeichnung, Krone usw.

Variante: Es können sich auch Gegenstände in dem Koffer befinden, zu denen die Teilnehmer nichts sagen können, weil darüber noch nicht gesprochen wurde. Die Teilnehmer haben dann Gelegenheit, Fragen zu formulieren. Der Gruppenleiter kann anhand des Gegenstandes Neues erklären.

Hinweis: Besonders interessant wird das Gespräch, wenn sich in dem Koffer Dinge befinden, zu denen man mehrere Erlebnisse oder Geschichten assoziieren kann.

Bibelbilderbuch (biblische Geschichten) 3B

Material: Papier, Stifte

Durchführung: Die Gruppe entscheidet sich für eine Geschichte, zu der sie ein Bild-Text-Buch gestalten möchte. Die Geschichte wird in einzelne Szenen unterteilt. Einige Teilnehmer machen zu den einzelnen

Abschnitten Schwarz-Weiß-Zeichnungen, andere schreiben zu den Abschnitten den Text von der Vorlage ab oder formulieren frei. Die zusammengehörenden Bild- und Textseiten werden für alle kopiert. Jeder heftet sich dann sein eigenes Buch zusammen und gestaltet das Titelbild selbst.

Leporello (biblische Geschichten) 3B

Material: Zeichenpapier (das Format richtet sich nach der Anzahl und der Größe der Bilder), Schere, Klebstoff, Lineal, Bleistift, Bildmaterial

Durchführung: Entsprechend der Größe und Anzahl der Bilder wird ein Streifen Zeichenpapier zurechtgeschnitten. Diesen faltet man in Ziehharmonikaform. Auf die so entstandenen Einzelseiten kann nun eine Bildfolge geklebt oder gemalt werden. Auch die Kombination von Text- und Bildseiten bietet sich an. Auf diese einfache Weise können die Teilnehmer ein eigenes kleines Bilder- oder/und Geschichtenbuch herstellen. Sprache wird umgewandelt in Bilder, die starken Aufforderungscharakter haben. Das Gespräch über die Bildfolge bietet sich an. Der Inhalt und Verlauf einer Geschichte wird nachvollzogen, dokumentiert und gestaltet.

Hinweis: Vor dem Aufkleben der Bilder sollte die Bildfolge zunächst nur gelegt werden.

Wort–Tip (biblische Geschichten) 3B

Material: Textvorlage einer Geschichte oder Bericht über ein Thema oder Bibel, Bleistift, Papier, Stifte

Durchführung: Einem Teilnehmer wird ein mit der Gruppe behandelter Text vorgelegt. Mit geschlossenen Augen soll er mit dem Bleistift oder dem Finger auf fünf Wörter tippen. Die Teilnehmer notieren sich jeweils den Wort-Tip auf. Ihre Aufgabe ist es, innerhalb eines vorher vereinbarten Zeitraumes mit Hilfe der Wörter entweder die Geschichte nachzuerzählen oder eine eigene Geschichte zu erfinden. Die Geschichten werden vorgestellt.

Variante 1: Aus einem Sachtext zu einer behandelten Thematik werden fünf bis acht Wörter getippt. Aufgabe der Gruppe ist es, in Einzel- oder Kleingruppenarbeit einen eigenen informativen Text zu verfassen, in dem die getippten Wörter verwendet werden.

Variante 2: Ein Teilnehmer blättert die Seiten der Bibel durch. Ein anderer tippt mit dem Bleistift auf eine Seite bzw. ein Wort. Aus dem Wort-Tip entsteht eine eigene Geschichte.

Variante 3: Die Teilnehmer wechseln beim Tippen ab, so daß die getippten Wörter von verschiedenen Teilnehmern kommen.

Variante 4: Die Geschichten können auch erzählt werden; dafür reicht allerdings ein Wort-Tip mit drei Wörtern aus.

Auswahlfragen (Jona) 3B

Material: Fragebögen, Stifte

Durchführung: Nach Besprechung der Jonageschichte erhalten die Teilnehmer einen Fragebogen, bei dem sie aus verschiedenen Antwortmöglichkeiten die richtige ankreuzen müssen.

Beispiel:
1. Gott gab Jona den Auftrag, in eine Stadt zu gehen, die
a) im Norden des Landes lag
b) auf einem hohen Berg lag
c) an der Küste lag
d) im Landesinnern lag
Lies Jona 1,1-2!

2. Als Gott auf dem Meer einen heftigen Wind losbrechen ließ und das Schiff zu zerbrechen drohte, befand sich Jona
a) schlafend unter Deck
b) an der Reling
c) am Hauptmast
d) am Steuerrad
Lies Jona 1,4-5!

3. Die Seemänner wollen erfahren, wer an dem Unglück Schuld ist, deshalb
a) beten sie zu Gott
b) werfen sie das Los
c) fragen sie den Kapitän
d) knobeln sie es aus
Lies Jona 1,7-10!

4. Die Seeleute werfen Jona ins Meer,
a) weil Jona es so wünscht
b) ohne Jona zu fragen
c) aufgrund eines Mehrheitsbeschlusses
d) auf Anordnung Gottes
Lies Jona 1,12!

5. Wie lange befand sich Jona im Fischbauch?
a) zwei Tage und zwei Nächte
b) drei Tage und drei Nächte
c) 50 Tage und Nächte
d) sieben Tage und sieben Nächte
Lies Jona 2,1!

Hinweis: Fragebögen mit Auswahlantworten können zu allen Themen leicht erstellt werden.

Material: richtet sich nach dem Thema der Ausstellung

Durchführung: Ausstellungen können zu den verschiedensten Themen organisiert werden, sind allerdings sehr zeitintensiv. Ausstellungsstücke können aber bereits während einer thematischen Einheit entstehen und brauchen nicht erst nach Abschluß einer Einheit gefertigt werden. Für die Besucher der Ausstellung kann es sehr hilfreich sein, wenn die Gruppe selbst Führungen übernimmt oder einen Ausstellungsführer erstellt hat.

Ein sehr dankbares und immer wieder interessantes Ausstellungsthema ist die Beschäftigung mit der Bibel. Zur Ausstellung können gehören:

- eine Sammlung verschiedener Bibeln in unterschiedlichen Ausführungen und Sprachen
- eine Schätzstelle: Wieviel wiegt diese Bibel? Wer dem tatsächlichen Gewicht am nächsten gekommen ist, erhält einen Preis.
- ein Stuhl, der zum Verweilen und Lesen einlädt
- Informationstafeln über die Entstehung der Bibel
- verschiedene Schreibmaterialien, Papyrus
- Informationen und Abbildungen der unterschiedlichen Schriften
- ein Lesefinger
- Bibelrätsel oder Bibelquiz
- Schriftrollen
- Nachbildung der Qumran Tonkrüge mit Rollen
- Tonkassetten
- verzierte Anfangsbuchstaben
- eventuell Informationen zum Buchdruck
- Karte über die Verbreitung der Bibel
- Plakat über die Einteilung der Bibel
- Zeitleiste über die Stufen der Überlieferung
- Informationstext über die Entstehung der Evangelien

Regeln (Gott gibt uns Gebote) 1B/2B

Material: Zeitschriften, Ton, Plakatkarton, Stifte

Durchführung: In einem freien Gespräch tauscht sich die Gruppe zunächst darüber aus, was alles erlaubt bzw. verboten ist. Dabei geht es auch um den Sinn und Unsinn von Ge- bzw. Verboten. In Kleingruppen können dazu Collagen angefertigt werden. Das Themenfeld wird dadurch eingegrenzt, daß es in einem nächsten Schritt darum geht, was in der eigenen Gruppe erlaubt ist. Dabei soll deutlich werden, daß man Regeln für das Zusammenleben braucht. Welche Regeln gibt es in der Gruppe, welche in der Familie? Die Gruppe gibt sich Regeln für ihr Zusammenleben und schreibt sie auf ein großes Plakat, das im Gruppenraum aufgehängt wird. Auch Gott gibt uns Gebote. Die Gruppe liest 2.Mose 19,1-20. Anschließend werden Tontafeln, die Gesetzestafeln, getöpfert.

Rufspiel (Jesus ruft uns bei unserem Namen) 1B/2B

Material: keines

Durchführung: Alle Teilnehmer stehen im Kreis hinter ihren Stühlen. Der Gruppenleiter oder ein Gruppenmitglied flüstert nun den Namen eines Teilnehmers. Der Angerufene setzt sich möglichst lautlos auf seinen Stuhl.

Variante 1: Wir überlegen, wie wir unseren Namen bekommen haben. Welche Bedeutung hat mein Name?

Variante 2: Jeder schreibt seinen Namen auf ein Blatt Papier und verziert ihn.

Helferspiel (Hilfe/Not/Leid) 1B/2B

Material: keines

Durchführung: Vor der Gruppe stehen zwei Stühle nebeneinander. Einer aus der Gruppe setzt sich auf einen der Stühle und erzählt, was ihn traurig macht bzw. gemacht hat. Es geht darum, über eigenes und fremdes Leid nachzudenken und den Mut zu haben, in der Gruppe das Leid zu artikulieren. Der »Leidtragende« darf sich nun einen Helfer aus der Gruppe wählen, der ihn in seinem Leid stützen bzw. ihm helfen soll. Der Helfer setzt sich auf den zweiten Stuhl und bietet entweder eine konkrete Hilfestellung an oder ermutigt den anderen durch Zuspruch. Gemeinsam gehen beide dann zurück auf ihre Plätze, und ein anderer Teilnehmer kann sein Leid vortragen.

Geräte (Abendmahl) 1B/2B

Material: alte Abendmahlsgeräte (notfalls auch ein einfacher Becher und ein Brotkorb), Brot, pro Teilnehmer einen Becher, eine Serviette, ein braunes Tuch oder eine Tischdecke

Durchführung: In der Kreis- oder Tischmitte wird eine Tischdecke oder ein Tuch ausgebreitet. Danach wird jedem Teilnehmer eine Serviette gegeben, die er vor sich legt. Anschließen zeigt der Gruppenleiter einen alten Abendmahlskelch und stellt ihn dann in die Mitte des Tuches ab. Wer möchte, nimmt sich den Kelch, schaut ihn genau an und erzählt etwas dazu. Dann wird der Kelch reihum gereicht und schließlich wieder in der Mitte abgestellt. Gleiches geschieht danach mit dem Teller oder dem Brotkorb. Die Teilnehmer äußern sich zu dem Gesamtbild. Der Gruppenleiter weist darauf hin, daß der Kelch und der Brotteller mit einer sehr traurigen Geschichte von Jesus in Verbindung stehen. Entweder die Teilnehmer erzählen die Geschichte aus der Erinnerung oder der Gruppenleiter erzählt die Geschichte. Eventuell liest die Gruppe gemeinsam Lukas 22,14-20.

Variante 1: Die Teilnehmer überlegen, welche Geschichte die Abendmahlsgeräte haben könnten. Was könnte der Kelch erlebt haben? Der Kelch erzählt. Der Brotteller erzählt.

Variante 2: Wir denken darüber nach, warum heute noch in den Kirchen Abendmahl gefeiert wird.

Variante 3: Wir erzählen von unserem »Leidensdruck«.

Partnersuche (Freundschaft) 1B/2B

Material: pro Teilnehmer zwei Umrißzeichnungen einer Menschenfigur, Stifte, ausreichende Anzahl an Karteikarten

Durchführung: Jeder Teilnehmer erhält den Auftrag, auf maximal acht Karteikarten eine Eigenschaft zu schreiben, die er an sich selbst schätzt, eine Stärke von sich, etwas zu seinem Äußeren.

In eine vorbereitete Umrißzeichnung überträgt er die Stichworte. Anschließend werden die Karteikarten aller Teilnehmer eingesammelt und bunt durcheinandergemischt in der Kreismitte ausgebreitet. Nun soll genügend Zeit zur Verfügung stehen, damit jeder um die Karten herumwandern und sie lesen kann. In einem weiteren Arbeitsschritt wird der Auftrag dann konkretisiert: Jeder Mensch hat eine bestimmte Vorstellung davon, wie ein Freund oder der Partner sein sollte. »Wähle unter den Karten maximal acht mit den Eigenschaften aus, die ein Freund deiner Ansicht nach mitbringen sollte.« Diese Attribute werden in eine zweite Umrißzeichnung eingetragen. In einer abschließenden Gesprächsrunde können die einzelnen Teilnehmer begründen, warum sie bei einem Freund diese Merkmale für wichtig erachten.

Variante 1: Weiterführende Fragen können sein: Haben wir in unserem Bekanntenkreis einen Freund, der all diese Merkmale hat?

Wie wichtig ist es uns, daß ein Freund all diese Eigenschaften hat?

Wie sehr ähnelt die Umrißzeichnung des Freundes unserer eigenen?

Haben wir Rückmeldungen darüber, wie wir als Freund geschätzt bzw. eingeschätzt werden?

Variante 2: Wir sammeln Heirats- und Bekanntschaftsanzeigen. Wie beschreiben sich die Personen selbst? Welche Wünsche und Vorstellungen haben sie vom »idealen« Partner?

Sinnesübung (Sehen/Blind sein) 1B/2B

Material: ein Tuch zum Verbinden der Augen

Durchführung: Nacheinander werden verschiedene Freiwillige gebeten, bestimmte Aufgaben auszuführen, nachdem ihnen die Augen verbunden wurden. Aufgabe der Zuschauer ist es, genau zu beobachten, wie die Akteure eine Aufgabe bewältigen, woran sie scheitern, wie sie versuchen, einander zu helfen usw. In einem anschließenden Gespräch werden diese Beobachtungen und die Erfahrungen der Ausführenden gesammelt.

Aufgaben können sein:
Schreibe deinen Namen an die Tafel!
Öffne das Fenster!
Hole aus deinem Mäppchen einen roten Filzstift!
Geh zu XY und sage ihm guten Tag!

Variante 1: Zur Weiterarbeit kann man sich mit dem Thema »Sehen in der Bibel« beschäftigen: Mt 11,5; Mt 21,32; Lk 17,20-21; Lk 18,40-42a; Joh 1,14; Joh 9,39; Joh 12,44; 1.Kor 2,9; Ps 115,5.

Variante 2: Ebensogut kann der Schwerpunkt auf das Hören gelegt werden. Wie geht es uns, wenn der Hörsinn ausgeschaltet ist? Wir beschäftigen uns mit dem Hören in der Bibel: 1.Joh 5,14; Apg 2,8.11b; Joh 18,37; Joh 8,47; Lk 10,16; Mt 11,5; Mt 13,13; Ps 85,9; Ps 94,9; Ps 115,5-6.

Variante 3: Wir sammeln Sprichwörter zum Sehen/zum Auge, z.B. etwas mit anderen Augen sehen, den Balken im Auge des anderen sehen, sich die Augen aus dem Kopf weinen, die Augen vor etwas verschließen.

Variante 4: Einem Teilnehmer werden die Augen verbunden, ein anderer führt ihn durch den Raum. Anschließend berichten beide Teilnehmer von ihren Erfahrungen. Die »Blinden« bewegen sich ohne Körperkontakt mit dem Partner durch den Raum.

Variante 5: Wir schreiben Situationen auf, in denen wir »blind« waren, obwohl wir sehen können.

Variante 6: Wir spielen das Spiel »Ich sehe was, was du nicht siehst.«

Variante 7: Auf dem Tisch werden zehn verschiedene Gegenstände ausgebreitet. Die Teilnehmer schauen die Dinge genau an. Dann werden sie mit einem Tuch abgedeckt. Wer kann noch alle zehn Gegenstände nennen? Alternativ dazu können zwei Gegenstände in ihrer Position miteinander vertauscht werden Um welche Gegenstände handelt es sich? Oder ein Gegenstand wird weggenommen. Welcher?

Materialbetrachtung (Petrus/Verleugnung) 1B/2B

Material: pro Teilnehmer ein großer Kieselstein, Schale

Durchführung: In der Kreismitte steht eine große Schale mit Kieselsteinen. Jeder Teilnehmer sucht sich einen Stein heraus, der ihm besonders gut gefällt. Wer möchte, begründet seine Wahl. Anschließend machen wir eine Runde: »Wenn mein Stein erzählen könnte, würde er sagen, ich bin...«, z.B. hart, kantig usw. Die Teilnehmer erhalten Zeit, sich mit »ihrem« Stein zu befassen. Sie fühlen seine Form, seine Härte, versuchen ihn zu zerbrechen oder zu zerdrücken. Sie spüren, der Stein ist »steinhart«. Der Gruppenleiter erzählt, daß der Name einer biblischen Person Fels bedeutet. Die Teilnehmer stellen Vermutungen an, oder der Gruppenleiter erwähnt den Namen Petrus. Eventuell tragen die

Teilnehmer ihr Vorwissen über Petrus zusammen und bringen es in Verbindung mit den Steinen. »Petrus dachte auch, daß man sich felsenfest auf ihn verlassen könne. Das hat er Jesus auch versprochen.« Der Gruppenleiter erzählt die Verleugnung des Petrus nach Johannes 18, 15-27 und im Anschluß Mt 26,69-75.

Variante: Petrus hat Jesus im Stich gelassen. Damit hat er eine Mauer zwischen sich und Jesus gebaut. Die Teilnehmer stapeln ihre Steine symbolisch zu einer kleinen Mauer auf. Was kann in unserem täglichen Leben Mauern aufbauen, sichtbare und unsichtbare? Was kann Mauern wieder zum Einstürzen bringen?

Interview (Taufe) 1B/2B

Material: Fragenkatalog, Kassettenrecorder

Durchführung: In der Gruppe oder in Kleingruppen werden mögliche Interviewfragen ausgearbeitet, z.B.:
Warum haben Sie Ihr Kind taufen lassen?
Was spricht Ihrer Meinung nach für die Kindertaufe?
Was spricht Ihrer Meinung nach für eine Taufe aufgrund eigener Entscheidung?
Welche Bedeutung könnte eine Nottaufe haben?
Anschließend werden verschiedene Personen befragt und die Antworten auf Kassettenrecorder aufgenommen. Das Interview kann ausgewertet werden, indem die Antworten in eine Systematik gebracht und diskutiert werden. Welchen Antworten und Gründen können wir zustimmen, welchen stehen wir eher ablehnend gegenüber?

Hinweis: Die Methode des Interviews eignet sich grundsätzlich immer dann, wenn zu einer Thematik verschiedene Meinungen zu erwarten sind.

Körpereinsatz (Kirchengebäude) 1B/2B

Material: keines

Durchführung: Die Gruppe macht einen Spaziergang zur Kirche des Ortes. Alle gehen einmal um die Kirche herum und betrachten die Elemente der Kirche, die von außen sichtbar sind, z.b. die Fenster, den Turm, die Türen, das Dach, die Uhr, den Wetterhahn, das Kreuz usw. Sie fühlen, wie die Mauern der Kirche beschaffen sind. Welche Materialien wurden beim Bau der Kirche verwendet, z.b. Bronze für die Türen, Glasbausteine, Holz etc.? Wir fühlen die unterschiedliche Beschaffenheit der Materialien. Alle Teilnehmer fassen einander an den Händen, bilden eine lange Kette und versuchen, die Kirche zu umstellen. Wieviel mal paßt die Menschenkette um die Kirche herum?

Mit dem Körper versucht nun die gesamte Gruppe das Kirchengebäude nachzustellen. Welche Teilnehmer stellen den Turm dar, wer übernimmt das Kirchenportal, wer stellt die Außenmauern usw.?

Variante 1: Die Gruppe geht zu einem Aussichtspunkt ihres Ortes, von wo aus sie einen Blick auf die Stadt mit ihren Kirchtürmen hat. Wer kennt die Namen der Kirchen? Die Gruppe sucht die Kirchen auf dem Stadtplan. Welche Namen tragen die Kirchen? Wer kann etwas zur Bedeutung des Kirchennamens sagen.

Variante 2: Die Gruppe besichtigt die Kirche von innen. In Kleingruppenarbeit werden Grundrisse erstellt.

Variante 3: Mit dem Pfarrer oder Küster wird der Besuch der Kirche abgesprochen; sie führen durch die Kirche. Gerade für Kinder ist es ein besonderes Erlebnis, wenn sie einen Talar anziehen dürfen, einen Text von der Kanzel herunter vorlesen können, den Glockenturm besteigen oder auf der Orgel spielen dürfen. Während der Führung kann fotografiert werden, so daß hinterher eine Dokumentation erstellt werden kann.

Fühlmemory (Sinne/Sehen/Blind sein) 1B/2B

Material: Blanko-Memorykarten, verschiedene Kleinmaterialien, z.b. Druckknöpfe, Streichhölzer, Nudeln, Sandpapier, Samt, Wolle, Pflaster, Perlen, Borte, Büroklammern, Tortenspitze, Schnur

Durchführung: Auf jeweils zwei Blanko-Memorykarten klebt der Gruppenleiter den gleichen Gegenstand. Dann werden die Karten mit der beklebten Fläche nach oben auf einem Tisch ausgebreitet. Die Materialien werden zunächst besprochen, benannt und befühlt. Anschließend werden einem Teilnehmer die Augen verbunden. Dieser tippt mit seiner Hand auf eine Karte und ertastet sie. Seine Aufgabe ist es nun, die dazugehörige Karte ebenfalls mit verbundenen Augen zu erfühlen. Dann ist der nächste an der Reihe. Nach dieser Übung tauschen sich die Teilnehmer über ihre Erfahrungen aus. Wie ist es, wenn der Sehsinn ausfällt und man mit den Händen sehen muß?

Vorbereitung (Gleichnis vom großen Gastmahl) 1B/2B

Material: Wachsmalstifte, Tapetenrolle

Durchführung: Bei dieser Übung sollen sich die Teilnehmer in drei Kleingruppen auf unterschiedliche Weise mit einem Fest auseinandersetzen. Jede Gruppe erhält schriftlich einen Arbeitsauftrag, den sie vor den Nachbargruppen geheimhalten muß.

Gruppe 1 erhält den Auftrag, sich als Gastgeber zu fühlen und ein großes Fest vorzubereiten. Sie soll mit Wachsstiften auf Tapete (Tischtuch) eine feierlich gedeckte Festtafel malen.

Gruppe 2 soll sich vorstellen, zu einem Fest eingeladen zu sein, aber einen wichtigen Grund zu haben, dem Gastgeber abzusagen. In der Gruppe sollen die möglichen Gründe diskutiert werden. Jedes Gruppenmitglied soll eine »Entschuldigungsrede« vorbereiten.

Gruppe 3 überlegt sich, welche Gründe es dafür geben kann, nicht eingeladen zu werden. Sie bespricht mögliche Reaktionen, Gefühle und Gedanken, wenn man nun doch überraschend eingeladen wird.

In einem weiteren Schritt geht es dann darum, die einzelnen Gruppenergebnisse miteinander in Beziehung zu bringen. Die erste Gruppe zeigt den übrigen Mitgliedern ihr gemaltes Tischtuch und erläutert die Festvorbereitungen. Das Tischtuch wird in der Mitte des Raumes auf den Boden gelegt, und die Gruppe setzt sich im Halbkreis dahinter. Dann wird ein Mitglied dieser Gruppe dazu bestimmt, nacheinander die Mitglieder aus Gruppe 2 einzuladen, am gedeckten Tisch Platz zu nehmen. Da dieses Mitglied jedoch nicht weiß, welchen Auftrag Gruppe 2 hatte, trifft es ihn vermutlich unerwartet, nur Absagen zu bekommen, und er wird sich spontan äußern und reagieren. Nun wird entweder das gleiche Mitglied oder ein anderes aus Gruppe 1 damit beauftragt, die Mitglieder der Gruppe 3 einzuladen. Jedes Mitglied erläutert nun, warum es nicht mit einer Einladung gerechnet hat und was es jetzt fühlt. Gruppe 3 setzt sich nun ebenfalls um den Tisch, während Gruppe 2 »am Rand« stehen bleiben muß.

Anschließend werden alle Teilnehmer gebeten, ihre Gefühle, Empfindungen und Gedanken zu äußern. Dabei sollen die gemachten Erfahrungen vertieft und die eigene Sicht eingebracht werden. Gleichzeitig soll dabei die Grundszene der Erzählung vergegenwärtigt werden. Die Gruppe der Einladenden und die Überraschungsgäste setzen sich um den Tisch. Ein Band grenzt diese Gruppen deutlich von den Außenstehenden ab. Gruppe 2 sollte sich vorstellen, sie müßte durch ein Fenster die Szene von außen beobachten. Alle äußern ihre Gedanken. Dann sollten die Rollen getauscht werden. Die Außenstehenden gehören nun zur Tischgemeinschaft, und die Gastgeber werden die Absager. Dadurch werden die Teilnehmer nun auch mit einer anderen als der eigenen Perspektive konfrontiert und können den Bereich ihrer Erfahrungen erweitern. Außerdem soll damit vermieden werden, Teilnehmer mit einer bestimmten Rolle zu behaften, die ihnen dann vielleicht noch außerhalb der Gruppenstunde anhaftet.

Erst im Anschluß an dieses Spiel erzählt der Gruppenleiter das Gleichnis vom großen Gastmahl.

Variante: Die Teilnehmer überlegen, wie jede Gruppe das Spiel und das, was sie dabei gefühlt und gedacht hat, in Bewegungen ausdrücken kann, z.B. wenn man sich gut gelaunt Gäste einlädt usw.

Mantel (St. Martin) 1B/2B

Material: ein alter Mantel

Durchführung: Der Gruppenleiter hat einen alten Mantel der Länge nach durchgeschnitten und die beiden Teile mit aufgenähtem Klettband wieder miteinander verbunden. Er legt den Mantel in die Kreismitte. Die Teilnehmer stellen Vermutungen an, worum es sich handelt (Stoff, Mantel, Umhang...). Ein Teilnehmer versucht vielleicht ihn überzuziehen. Die Frage, wozu man einen Mantel braucht, schließt sich an. Der Leiter nimmt nun den Mantel und reißt ihn entlang des Klettbandes in zwei gleichgroße Stücke. Die Teilnehmer äußern sich spontan; sie überlegen, ob man den Mantel nun immer noch anziehen kann. Zwei Teilnehmer probieren es. Erst dann erzählt der Gruppenleiter die Geschichte von   St. Martin. Die Teilnehmer versuchen sich in die Personen einzufinden: »Stell dir vor, du bist der Bettler, und niemand gibt dir etwas.« »Stell dir vor, du bist St. Martin und siehst den frierenden Bettler.« »Stell dir vor, du bist der Bettler. Da kommt ein Mann und schneidet seinen Mantel mittendurch, um dir zu helfen.«

Im Anschluß kann die Geschichte nachgespielt werden.

Laufspiel (AT/NT) 2B/3B

Material: Tafel, Kreide, Zettel mit Zitaten

Durchführung: Der Gruppenleiter schreibt groß auf die linke Tafelhälfte »Altes Testament« und auf die rechte Tafelhälfte »Neues Testament«. Die Gruppe steht in einigem Abstand zur Tafel. Der Gruppenleiter nennt ein Zitat, einen Sinnspruch, den Teil einer Geschichte, ein Versprechen usw. Die Teilnehmer überlegen anschließend, ob das Gehörte im Neuen oder im Alten Testament niedergeschrieben ist und stellen sich auf die entsprechende Tafelseite. Nach der Zuordnung gibt der Gruppenleiter die Auflösung bekannt.

Montage (Leben/Tod) 2B/3B

Material: je nach Ausführung verschieden

Durchführung: Um sich mit dem Thema »Tod und Leben« auseinanderzusetzen oder die eigene Sichtweise zu demonstrieren, modellieren bzw. montieren die Teilnehmer leblose Gegenständen (z.B. Müll, Eisenplatte, Werkzeuge etc.) mit Lebendigem (z.B. Pflanzen, Erde, Wasser...). Nach Fertigstellung der Kunstobjekte können die Künstler zu ihrem Gebilde befragt werden. In der Gruppe werden Gemeinsamkeiten und Unterschiede in der Darstellungsweise und in den Interpretationen thematisiert.

Variante: Statt Gegenstände zu montieren, kann versucht werden, nur mit Hilfe von Farben und Formen die beiden Begriffe auszudrücken.

Lieder pantomimisch gestalten 2B/3B

Material: Liedtexte

Durchführung: Zu fast jedem Lied können rhythmische Bewegungen gemacht werden. Dabei ist es wichtig, daß man auf Alltagsbewegungen zurückgreift. Schwierige Tanzschritte sind zu meiden. Entweder die ganze Gruppe singt das Lied und bewegt sich dazu, oder die Gruppe teilt sich auf. Während ein Teil das Lied pantomimisch gestaltet, übernimmt der andere die musikalische Ausgestaltung.

Hinweis: Besonders wichtig ist, daß die Ausgestaltungsmöglichkeiten eines Liedes mit der Gruppe gemeinsam gefunden werden. Bewegungsvorgaben können nie Ausdruck einer Gruppe sein.

Lebenslauf (Jesus) 2B/3B

Material: Bibeln, Raster des Lebenslaufs

Durchführung: Die Teilnehmer füllen den Lebenslauf aus, eventuell unter Zuhilfenahme der Bibel.

Lebenslauf von:
Ich wurde in

_____ geboren
(Lies Lukas 2,1-20) .

Meine Eltern hießen _____

Aufgewachsen bin ich in _____
(Lies Mt, 2,22-23).

Viele wissen nicht, daß ich mindestens

_____ Geschwister hatte *(Lies Mk 6,3)*.

Die Namen dieser meiner Brüder sind bekannt:

_____

Ich habe folgenden Beruf erlernt:

_____

Die Stadt _____
(Lies Markus 2,1) galt später als mein Wohnsitz.

Während der Zeit meiner Wanderschaft tat ich vor allem dies:

_____
_____

(Lies Mt 4,23-25).

Auch Frauen begleiteten mich auf der Wanderschaft:

_____
_____

(Lies Lk 8,1-3).

Außerdem begleiteten mich _____Jünger:

_____
_____
_____

(Lies Mk 3,13-19).

Doch ich hatte nicht nur Freunde. Verschiedene religiöse Gruppen, wie z. B.

_____

(Lies Joh 11,46-53)
wurden meine Feinde. Sie sorgten dafür, daß ich in

_____

zum Tode verurteilt wurde.
(Lies Mk 15,21-41).

Hinweis: Die Erstellung eines Lebenslaufes eignet sich sowohl in der Erarbeitungs- als auch in der Wiederholungsphase. Entweder die Teilnehmer erinnern das bereits Gehörte und tragen es in den Lebenslauf ein, oder sie beschaffen sich die Informationen durch Nachschlagen der angegebenen Bibelstellen.

Das Prinzip kann auf jede andere Person übertragen werden.

Wem obige Fassung zu ausführlich ist, fertigt eine Art Steckbrief mit Hilfe weniger Stichworte an:

Name:
Geburtstag/-jahr (ungefähr):
Geburtsort:
Name der Eltern:
Beruf des Vaters:
eigener Beruf:
Wohnsitz:
Lieblingsbeschäftigungen:
Freunde:
Besondere Ereignisse:
Besondere Merkmale:
Todesjahr:
Todesort/Todesart:

Dadaismus (Schöpfung) 2B/3B

Material: pro Gruppe eine feste Pappe ca. DIN A1, Klebstoff, Schere, Filzstifte, Draht, Abfall

Durchführung: Die Gruppenmitglieder erhalten den Auftrag, zur nächsten Gruppenstunde 5-10 Abfallprodukte aus ihrem Haushalt mitzubringen, Dinge, die für sie keinen Wert mehr haben. Die Gruppe teilt sich dann in Kleingruppen mit ca. 5 Teilnehmern auf. Jede Gruppe schichtet den mitgebrachten Müll zu einem kleinen Haufen auf. Die Gruppe tauscht sich über Müll aus. Der Arbeitsauftrag lautet, aus dem Müll eine Welt zu bauen, in der Menschen gut leben können.

Variante: Nach der Fertigstellung der Welten bestimmen die Klein-gruppen ihren »Reiseleiter«. Dessen Aufgabe ist es, den übrigen Teil-nehmern die eigene Welt zu erklären und zu beschreiben, so wie ein Rei-seleiter die Sehenswürdigkeiten in einem anderen Land erklärt. Er berichtet außerdem, welches Material ausgewählt wurde.

Jede Gruppe gibt ihrer Welt einen Namen.

Abschließend entscheiden die Teilnehmer, in welcher Welt sie am liebsten leben wollten. Sie begründen ihre Entscheidung: In der Welt kann man gut leben, weil ...

Hinweis: Der zur Verfügung stehende Zeitrahmen sollte vorher bekannt gegeben werden (ca. 45-60 Minuten). Es ist in jedem Fall sinnvoll, daß sich die Gruppen über ihre Erfahrungen während der Gruppenarbeit austauschen. Wo mußten Kompromisse eingegangen werden? Wo konn-ten Vorschläge aus welchem Grund nicht verwirklicht werden?

Symbolik (Kreuzigung, Geißelung) 2B/3B

Material: ein Stück Stacheldraht, Zacken (Dreiecke) aus rotem Tonpa-pier, Stifte

Durchführung: Der Gruppenleiter erzählt Johannes 18,28-40 und 19,1-16. Das Stück Stacheldraht wird zu einem Kreis mit mehreren Windungen zusammengebogen (Krone). Jeder Teilnehmer schreibt auf eine rote Zacke etwas, womit Menschen Jesus gequält haben. Die Dornenzacken werden nacheinander vorgelesen und an einer Stachel-drahtspitze aufgepikst.

Variante 1: Um den Bezug zu unserer Lebenssituation herzustellen über-legen wir, wo und worunter Menschen noch heute in aller Welt leiden.

Variante 2: Die aus Stacheldraht geformte Dornenkrone wird im Kreis weitergegeben, die Teilnehmer ertasten sie.

Zuordnungsspiel (Teile der Bibel) 2B/3B

Material: Karten entsprechend der Teilnehmerzahl

Durchführung: Der Gruppenleiter hat Karten vorbereitet, auf denen prägnante Ausschnitte aus biblischen Geschichten notiert sind. Auf der Rückseite derselben Karten steht die Quellenangabe. Außerdem hält der Gruppenleiter ausreichend Karten bereit, auf denen die Grobeinteilung der Bibel vorgenommen ist. Alle Karten werden nun auf dem Tisch ausgebreitet. Die Textkarten liegen mit der Textseite nach oben. Ein Spieler sucht sich einen Textausschnitt heraus, liest ihn vor und sucht die entsprechende Zuordnungskarte. Zur Kontrolle kann er dann die Textkarte umdrehen und schauen, ob die Quellenangabe mit der Grobeinteilung übereinstimmt. War seine Zuordnung richtig, darf er das Kartenpärchen behalten, war sie falsch, muß er beide Karten wieder ablegen. In beiden Fällen macht der Nachbar weiter.

Erzählstränge (Weihnachten/Bibel) 2B/3B

Material: Karteikarten mit Abschnitten aus der Weihnachtsgeschichte nach Lukas und nach Matthäus

Durchführung: Der Gruppenleiter schreibt einzelne Abschnitte der Weihnachtsgeschichte nach Lukas und Matthäus auf Karteikarten. Die Karten werden gemischt, und jeder Teilnehmer zieht eine Karte. Am Schluß sollen alle Teilnehmer, deren Text zu Lukas gehört, und alle, deren Text zu Matthäus gehört, eine Gruppe bilden. Dazu müssen die Teilnehmer umhergehen, die Karten der anderen lesen, miteinander diskutieren und gemeinsam überlegen.

Texte umformen 2B/3B

Material: Textvorlagen, Papier, Stifte

Durchführung: In Einzel-, Partner- oder Kleingruppenarbeit verändern die Teilnehmer Textvorlagen.

Variante 1: Die Originalfassung wird in eine andere Sprachform gebracht. Ein Prosatext wird z.B. in ein Gedicht oder Märchen umgeschrieben. Oder ein Text wird in Umgangssprache oder Dialekt übersetzt.

Variante 2: Eine historische Geschichte wird so umgeschrieben, daß in der Handlung, den Personen und den Schauplätzen Probleme der Gegenwart aufgegriffen werden.

Variante 3: Ein Text wird zu einer Nachrichtensendung umgeschrieben.

Was und wo? (Israel/Bibel) 2B/3B

Material: Bibeln, Papier, Stifte

Durchführung: Der Gruppenleiter nennt einen biblischen Ort. Die Teilnehmer erinnern, welches Ereignis an diesem Ort stattgefunden hat, oder sie schlagen unter der angegebenen Bibelstelle nach.

Folgende Orte können in dieser Übung nachgefragt werden:
Anon – Joh 3,23 und Mt 3,11
Betlehem – Lk 2,7
Betanien – Joh 11,43
Berg Tabor – Mt 17,1
Caesarea – Apg 10,48 und Apg 24-26
Jafo, Joppe – Apg 9,40 und 2.Chronik 2,15 und Apg 9,43 und Jona 1,3
Jericho – Lk 18,42
Kana – Joh 2,1-11
Nain – Lk 7,15

Samaria – Joh 4,5-7
Tabgha – Mk 6,44

Variante: Ebenso gut kann umgekehrt verfahren werden. Den Teilnehmern wird der Bibelvers genannt, vorgelesen oder in schriftlicher Form gegeben, und sie sollen den dazugehörigen Ort nennen. Beispiel: »... und sie gebar ihren Sohn, den Erstgeborenen. Sie wickelte ihn in Windeln und legte ihn in eine Krippe, weil in der Herberge kein Platz für sie war.« Lk 2,7

Bauen (Kirchengebäude) 1B/2B/3B

Material: viele leere Schuhkartons oder Pappkartons ungefähr gleicher Größe, Packpapier, Filzstifte, Klebeband

Durchführung: Die Gruppe teilt sich in Kleingruppen mit maximal vier Teilnehmern ein. Jede Gruppe erhält ausreichend Material, um mit Schuhkartons eine Kirche zu bauen. Umwickelt man die Schuhkartons zusätzlich mit Packpapier, bekommt das Gebilde mehr Festigkeit und eine einheitliche Außengestaltung. Zudem kann es besser mit Fenstern, Türen, Dachziegeln etc. bemalt werden. Die einzelnen Gruppen stellen einander ihre Kirchengebäude vor. Welche Gestaltungselemente weisen alle Kirchenbauten auf? Was war den einzelnen Gruppen wichtig? Welchen Baustil haben die Gruppen bevorzugt? Sagt das Gebäude etwas über das Leben der Gemeinde aus?

Pflanzaktion (Erntedank) 1B/2B/3B

Material: eine Schale Erde, kleine Blumentöpfe, Samen

Durchführung: Die Teilnehmer sitzen im Kreis um eine mit Erde gefüllte Schale herum. Die Schale wird im Kreis weitergegeben. Die Teilnehmer sollen die Erde bewußt anschauen und den Geruch der Erde wahrnehmen. Sie lassen die Erde durch ihre Finger gleiten und formen die Erde in der Schale. Anschließend füllt jeder Teilnehmer etwas Erde in einen kleinen Blumentopf und legt ein paar Samenkörner hinein.

Gebetsrollen 1B/2B/3B

Material: Gebetsröllchen

Durchführung: Der Gruppenleiter bereitet lange schmale Papierstreifen vor, auf denen unterschiedliche Satzanfänge vermerkt sind, z.B.:
Ich freue mich über …
Ich danke für …
Ich ärgere mich, wenn …
Ich habe Angst, daß
Ich freue mich auf …
Ich hoffe …
Ich glaube …
Ich vertraue …
Ich frage … usw.

Diese Lese- bzw. Gebetsröllchen werden aufgerollt, mit einer Büroklammer zusammengehalten und in einem Schächtelchen aufbewahrt. Jeder Teilnehmer zieht nun nacheinander ein Röllchen. Der erste Teilnehmer beginnt damit, seinen Satzanfang vorzulesen und ergänzt den Satz laut. Dann darf der nächste ein Röllchen nehmen.

Variante: Hat derjenige, der das Röllchen vorgelesen hat, den Satz vervollständigt, können die übrigen Teilnehmer ebenfalls den gleichen Anfangssatz zu Ende führen, bevor der nächste Zettel vorgelesen wird.

Hinweis: Auf diese Weise entsteht ein frei formuliertes Gebet, da sich an der Gruppensituation orientiert. Wenn die Gebetsrollen wieder aufgerollt werden, sind sie immer wieder zu verwenden.

Bibelknüller 1B/2B/3B

Material: verschiedene Bibelausgaben, Papier, Stifte, Klebstoff, Plakatkarton

Durchführung: Aufgabe der Teilnehmer ist es, sich einzeln oder in Gruppen mit Texten der Bibel zu beschäftigen, indem Texte ausgesucht werden, die provozieren, Neugier erwecken, verwundern, persönlich betroffen machen, zum Nachdenken anregen oder Lieblingstexte sind. Die ausgewählten Texte bzw. Textpassagen können kopiert, vergrößert oder auf DIN-A4-Blätter abgeschrieben bzw. mit Schrift ausgestaltet werden.

Die ausgewählten Texte werden anschließend den übrigen Gruppenmitgliedern vorgetragen. Dann zerknüllt jeder seinen Text so, daß der Text trotzdem im ganzen erkenn- und lesbar bleibt. Die Bibelknüller werden auf ein großes Plakat geklebt und aufgehängt.

Variante: Der Gruppenleiter hat aus besprochenen biblischen Geschichten Textpassagen kopiert und zerknüllt. Jeder Teilnehmer darf sich nun einen Knüller nehmen und anhand der Textpassage die dazugehörige Geschichte nacherzählen.

Hinweis: Diese Idee eignet sich vor allem zum Einstieg in die Arbeit mit biblischen Texten. Die Teilnehmer können so auf spielerische Weise einen ersten Einblick in biblische Textsorten und Inhalte erhalten, der ihnen bislang vielleicht fremd ist. Aversionen gegen die Beschäftigung mit diesen alten Texten können aufgebrochen werden. Es ist empfehlenswert, einzelne Bücher für die Beschäftigung und Auswahl vorzugeben. Hier bieten sich z.B. an: Hoheslied 7/8, Römer 13, Jesaja 5, Sprichwörter 3.

Der Begriff Bibelknüller wird durch die optische Ausgestaltung untermalt. Betrachter der Bibelknüller werden zum Innehalten und Nachdenken angeregt, ein Dialog kann sich entspinnen, weitere Bibelknüller werden gesucht: Das Interesse ist geweckt.

Aktualisierung (Jesus und die Kinder) 1B/2B/3B

Material: Plakat mit Jesuszeichnung (2x), mehrere Handkopien (abwehrend, annehmend), Stabfigur »Jesus«, Papier, Stifte, Klebstoff, Tesafilm

Durchführung: Der Gruppenleiter erzählt zur Einstimmung eine selbsterlebte oder erfundene Geschichte mit dem Satz: »Dazu bist du noch zu klein!« Da diese Situation wahrscheinlich jedem bekannt ist, kann nun von Erfahrungen mit diesem Satz erzählt werden. Der Leiter erklärt, daß dies vor vielen Jahren auch schon mal geschehen ist. Er zeigt ein Bild, auf dem Jesus zu sehen ist. Parallel dazu erzählt er die Geschichte nach Markus 10,13-16 und heftet entsprechend des Erzählverlaufs Hände auf das Plakat. Anstelle von Personen werden für die Jünger abwehrende und aufnehmende Hände angeklebt, so wird der Vorgang der Geschichte auch optisch deutlich.

»Stellt euch vor, ihr seid am Nachmittag bei Jesus gewesen. Am Abend erzählt ihr zu Hause von eurem Erlebnis.« Die Teilnehmer erzählen die Geschichte aus ihrer Perspektive nach. Ein Singspiel schließt sich an. Ein Teilnehmer geht mit der Jesusfigur im Kreis herum. Alle singen auf eine bekannte Gospelmelodie oder eine selbst erfundene einfache Melodie die Zeile »Jesu hat die Kinder lieb, Halleluja, Jesus hat die Kinder lieb, Halleluja!« Danach geht »Jesus« zu einem Teilnehmer, und alle setzen im Lied den Namen des Kindes ein: »Jesus hat den Benjamin lieb,..« Das genannte Gruppenmitglied kommt dann zu »Jesus« in die Kreismitte, während dieser noch andere Teilnehmer zu sich kommen läßt. Alle dürfen zu »Jesus« kommen.

Anschließend hängt der Gruppenleiter noch einmal ein Plakat mit der Jesusfigur auf. »Wenn die Geschichte heute passieren würde und wir stünden in der Nähe, wüßten wir, was Jesus sagen würde.« Jeder Teilnehmer malt nun ein Bild von sich, schneidet es aus und klebt es dann auf einen Platz seiner Wahl.

Reise durch die Gruppe (Paulus) 3A/3B

Material: Wissens- und Ereigniskarten zu einem Themengebiet

Durchführung: Ein Teilnehmer bekommt die Rolle des Paulus. Seine Aufgabe ist es, zu möglichst vielen Gemeinden (Teilnehmern) zu reisen. Die Reiseroute wird vorher festgelegt. Paulus geht zur ersten »Gemeinde«. Der Gruppenleiter liest dann eine Wissens- oder Ereigniskarte laut vor. Derjenige von beiden (die »Gemeinde« oder Paulus), der die Frage schneller bzw. richtig beantwortet oder als erster die gestellte Aufgabe erfüllt hat, reist als Paulus weiter zu den nächsten »Gemeinden«.

Variante 1: Damit es für die übrigen Teilnehmer nicht langweilig wird, enthalten die Ereigniskarten Aufgaben, die die gesamte Gruppe fordern.

Hinweis: Das oben beschriebene Spiel kann als Übungs- und Wiederholungsform auf jedes beliebige Thema und Fach übertragen werden.

Beispielkarten:
Erinnerst du dich noch, wann Paulus geboren wurde?

Als Junge hat Paulus oft in der hebräischen Bibel gelesen.
Diese Bibel hat einen besonderen Namen. Welchen?

Wie lautet mein »römischer« Name?

Erinnerst du dich noch daran, wann Paulus gestorben ist?

Paulus hat zwei Namen. Wie lautet sein jüdischer Name?

Wo ist Paulus geboren?

Was weißt du über den Vater von Paulus?

Paulus reist von einer Gemeinde zur anderen, um die Botschaft
von Jesus zu erzählen. Ihr wechselt alle die Plätze!

Zypern: Der römische Statthalter wird Christ.
Er glaubt jetzt auch an Jesus.
Aus Freude darüber klatschen alle einmal kräftig Beifall.

Eine Schlange hat Paulus in das Bein gebissen.
Geh bis zum dritten Stuhl auf einem Bein weiter!

Paulus hat gesagt: Wir sind alle ein Leib. Wir gehören zusammen.
Schüttelt eurem Nachbarn zum Zeichen der Gemeinschaft die Hand!

An diesem Ort kann Paulus eine Gemeinde gründen. Er bleibt dort.
Dein Mitspieler reist für dich weiter!

Paulus ist mit dem Schiff unterwegs. Da bricht ein Sturm los.
Ihr müßt die gesamte Schiffsausrüstung über Bord werfen.
Packt eure Ranzen/Taschen und stellt sie an die Tür!

Antiochia: In der Gemeinde entsteht ein Streit darüber,
ob sich die Christen an das Gesetz des Mose halten müssen.
Zur Lösung dieser Streitfrage geht Paulus nach Jerusalem zurück.
Gehe zwei Stühle zurück!

Paulus hat es eilig, weiterzukommen. Reise zwei Stühle weiter!

Paulus ist nicht allein gereist. Er fand Freunde, die auch von der christlichen Botschaft erzählen wollten. Zum Zeichen dafür, daß Paulus
nicht allein gegangen ist, begleitet dich ab jetzt ein Mitspieler deiner
Wahl auf deiner Reise!

Korinth: In dieser Stadt gibt es Streit. Du mußt Haare lassen.
Du reißt dir symbolisch ein Haar aus!

Nach einer schlaflosen Nacht ist Paulus nicht mehr reisefähig.
Du mußt dich hinsetzen, und dein Mitspieler reist für dich weiter!

Checkliste

Man ist bei der Vorbereitung einer Gruppenstunde. Eigentlich hat man für das geplante Thema auch schon eine Idee. Dennoch wünscht man sich noch etwas methodische Abwechslung, weil man nicht schon wieder nur einfach eine Geschichte erzählen und anschließend dazu ein Bild malen möchte. Jetzt kann die Checkliste helfen. Einfach Liste durchgehen und »checken«, ob sich etwas von den aufgeführten Ideen für die Behandlung des Themas anbieten könnte.

– Lückentext (mit oder ohne Vorgaben)
– Unterstreichen
– Rausschreiben
– Überschriften suchen/erraten/ verändern
– Zwischentitel finden
– Text gliedern
– Kreuzworträtsel
– Zuordnungsaufgaben
– Steckbriefe erstellen
– Interview durchführen/hören/bearbeiten
– Vergleich von Übersetzungen/Textvergleich
– Reporterspiel
– Schaubild erstellen
– Collage gestalten
– Texte verändern/umschreiben/ergänzen/fortschreiben
– Bildbetrachtung
– Dalli-Klick-Methode
– Symboldidaktische Betrachtung
– Bildvergleich
– Bilder kontrastieren
– Dias herstellen/Dia-Ton-Schau
– Bilder weitergestalten
– Museumsbesuch
– Fotos sortieren
– Arbeit mit der Bildkartei

- Plakate herstellen
- Ausstellungen organisieren/besuchen (z.B. zur Bibel)
- Sprechzeichnen
- Filme anschauen/Videos
- Poster besprechen
- Kassetten
- Overhead-Folien (Klapptechnik)
- Schattenspiele
- Symbole gehen/erfahren/erleben
- Naturalmeditation
- Zeitleisten erstellen
- Wandfries/Geschichtsfries
- Wandkarten malen
- Spruchkarten gestalten/basteln
- Ideogramme malen
- Kerzen basteln
- Lernspiele herstellen
- Kalender basteln (Kirchenjahr)
- Buch herstellen
- Zeitungsausschnitte/thematische/historische Zeitungen gestalten (Korinther Nachrichten)
- Stabzeitungen
- Torarolle
- (Kirchen-)Modelle basteln
- Faltmodelle
- Tonarbeiten
- Bildfolgen ordnen/malen/ergänzen
- Religion im Comic
- Religion als Filmstreifen
- Schattenkino
- Leporellos
- Gospels
- Karikaturen
- Lieder verändern/dichten/gestalten
- Schreibmeditation
- Kreatives Schreiben
- Schreibspiele

- Reisespiele, z. B. Reise durch die Klasse
- Pantomime
- Ratespiele
- (Brett-)Spiele herstellen
- Galgenmännchen
- Personenraten
- Der große Preis
- Montagsmaler
- Bibelquiz
- Quartette
- Papierspiralen
- Spruchbänder
- Fischespiel
- Puzzle
- Würfelspiele
- Bildwürfel
- Bildkarten
- Rollenspiele
- Interaktionsspiele
- Kommunikationsübungen
- Kennenlernspiele
- Bewegungsspiele
- Unterrichts- oder Erkundungsgang (»Religion unterwegs«)
- Gäste einladen
- Schulgottesdienst (mit-)gestalten
- Stilleübungen
- Meditationen
- Phantasiereisen
- Meditatives Schreiben
- Eßmeditationen
- Schreibgespräch
- Cluster
- Freiarbeitsmaterial
- Tanz als Gebet
- Gebetswürfel
- Objektmeditation
- Anschauungsmittel mitbringen

- Bild-Text-Zuordnung
- Lebendiges Buchstabenrätsel
- Drehscheibe
- Schulgottesdienst
- Spruchrollen
- Mobile
- Wunschschachteln basteln
- Sammelaktionen
- Patenschaften
- Hilfsaktionen
- Teilnahme an Projekten/Wettbewerben
- Zahlbilder
- Feiern gestalten
- Gedichte
- Texte auf heutige Zeit übertragen
- Ausschneidebögen
- Fingerpuppen
- Stabpuppen
- Buchstabenketten
- Urkunden
- Sprechblasen
- Sandkasten, z. B. eine Stadt in Palästina
- Kurzandacht
- Gesprächskreis
- Farbwirkungen
- dadaistische Elemente
- Wege legen, gehen, erfahren
- Kartontheater
- Bilderbuch
- (bibl.) Lexikon
- Himmel und Hölle-Fragespiel
- Vertrauensspaziergang
- Stationenarbeit
- Freiarbeitskarteien selbst herstellen
- Theaterstücke
- Ich–Heft
- etwas herstellen, z. B. Papyrus kleben

- Prospekte (Kinder in der weiten Welt)
- Meinungsumfrage
- Passahfest, Sabbat nachgestalten, Abendmahl feiern
- Bibliothek einrichten
- Biographien schreiben
- Assoziationsrad
- Bibeltexte drucken
- Bibelhefte herstellen
- Gebete selbst formulieren
- Mitwirkung bei Gemeindefesten
- Transparentbilder (z. B. Tod – Auferstehung)
- Spurenbilder
- Schöpfungsmodell
- Wechsellesen
- Streitgespräche führen
- Tabellen
- Tafeltext
- Wort weitergeben
- Liederheft zusammenstellen
- Dokumentation
- Pinnwand
- Fadenbilder kleben
- Wachs-Kratz-Bilder
- Dias anschauen oder herstellen
- Grußkette
- Tafelbild erstellen
- Schattenspiel mit OH-Projektor
- Geschichten erzählen zu Musik
- Musikmalen
- Berichte schreiben
- Rahmengeschichten
- Umweltgeschichten verfassen
- Fernsehansage
- Sensibilisierungsübungen
- Frage-Antwort-Ketten
- Textpuzzle
- Mehrfach-Wahlfragen

- Flüsterkette
- Spielszenen
- Religionstagebuch
- beschriftete Hände
- Hörspiel
- Bildbetrachtung
- Tanz
- Tafelskizzen
- Briefe schreiben
- Memory
- Spiellied
- Szenisches Spiel
- Kochen/Backen
- Brauchtum betrachten

Weitere Bücher von Kerstin Kuppig im Verlag Herder

Kerstin Kuppig
Basteln Religion
Werkstattbuch für Kindergarten, Schule, Gemeindekatechese
3. Auflage, 160 Seiten, Paperback
ISBN 3-451-23057-7

Eine Einladung zur ganzheitlichen Glaubensvermittlung durch die schöpferische Gestaltungsform des Bastelns. Ein äußerst praktisches und hilfreiches Buch.

Kerstin Kuppig
Das Weihnachts Mitmachbuch
Für Familien, Gruppen und Gemeinden
160 Seiten, Paperback
ISBN 3-451-264207-X

Alle Jahre wieder...
schmücken wir in der Advents- und Weihnachtszeit einen Tannenbaum, singen Lieder, basteln und gestalten besinnliche und gemütliche Stunden und Feiern. Da sollen natürlich auch die Geschichten und Gedichte nicht fehlen.

Was aber kann man über das Vorlesen, Vortragen und Erzählen hinaus noch mit Texten machen? Unglaublich viele und unterschiedliche Ideen dafür bietet dieses Buch. Daß es nicht beim Lesen oder Vorlesen bleiben muß – dazu möchte es beitragen und anregen.

Familiengottesdienste für die ganze Gemeinde

Heike Helmchen
Krabbel - Gottesdienste
Mit den Kleinsten das Größte feiern
96 Seiten, Paperback
ISBN 3-451-23962-0

Für Gottesdienste mit Kleinkindern bekommen Eltern, Erzieher(innen) und alle, die in der Gottesdienstvorbereitung engagiert sind, hier Anregungen aus erster Hand. Acht praxiserprobte Modelle können übernommen, variiert oder als Ideenfundgrube entdeckt werden. Die Gestaltung ist abgestimmt auf die aktive Beteiligung eineinhalb- bis fünfjähriger Kinder und ihrer Eltern: mit Stille und Bewegung, Beten und Singen, Spielen und einfachem Basteln, Naturmaterialien und Spielsachen.

Regina Kraus
»...da berühren sich Himmel und Erde«
Familiengottesdienste für die ganze Gemeinde
180 Seiten, Paperback
ISBN 3-451-26423-4

Ansprechende Gottesdienstformen für alle Altersstufen, nicht nur für Eltern mit Kleinkindern. Auch Jugendliche, »Singles« und Menschen unterschiedlicher Alters- und Lebensphasen, sollen sich nicht ausgeschlossen fühlen.

Familien wollen den Sonntag nicht in getrennten Gottesdiensten feiern. Daß dies möglich ist – ohne daß sich die einen langweilen und die anderen unterfordert fühlen – zeigen diese Gottesdienstmodelle.

Reinholda Wittmann
Du lädst uns ein
Familiengottesdienste mit Kleinkindern
104 Seiten, Paperback
ISBN 3-451-23775-X

Dieses Buch bietet bewährte und lebendige Gottesdienstmodelle, die für Kinder ab dem Kindergartenalter geeignet sind. Es gibt Hinweise, wie Glaubensinhalte so vermittelt werden können, daß alle Sinne angesprochen werden können: mit Bildern, Bewegungsliedern und Pantomime, mit Andenken, die die Kinder mit nach Hause nehmen können.

Verlag Herder
Freiburg · Basel · Wien